my News explica!

Edição Especial
60 Anos do Golpe
de 1964

Tempos de Chumbo

Carolina Brito
organizadora

70

my News explica!

Tempos de Chumbo

Carolina Brito

organizadora

70

MYNEWS EXPLICA TEMPOS DE CHUMBO
© Almedina, 2024

ORGANIZADORA: Carolina Brito

DIRETOR DA ALMEDINA BRASIL: Rodrigo Mentz
EDITOR: Marco Pace
EDITORA DE DESENVOLVIMENTO: Luna Bolina
PRODUTORA EDITORIAL: Erika Alonso
ASSISTENTES EDITORIAIS: Laura Pereira, Patrícia Romero e Tacila Souza
COORDENAÇÃO: Taís Bueno
FOTOS DE MIOLO E CAPA: Orlando Brito
REVISÃO: Adriana Moreira Pedro

DIAGRAMAÇÃO: Almedina
DESIGN DE CAPA: Roberta Bassanetto

ISBN: 978-65-5427-252-0
Abril, 2024

Dados Internacionais de Catalogação na Publicação (CIP)
(Câmara Brasileira do Livro, SP, Brasil)

Mynews explica : tempos de chumbo / Carolina Brito (org.). – 1ª ed. – São Paulo : Edições 70, 2024.

Vários autores.
Bibliografia.
ISBN 978-65-5427-252-0

1. Brasil – Política e governo 2. Democracia 3. Ditadura – Brasil – História 4. Ditadura militar 5. Fotografias 6. Fotojornalismo I. Brito, Carolina.

24-195975 CDD-320.98108

Índices para catálogo sistemático:

1. Brasil : Ditadura militar, 1964-1984 : História política 320.98108

Aline Graziele Benitez – Bibliotecária – CRB-1/3129

Este livro segue as regras do novo Acordo Ortográfico da Língua Portuguesa (1990).

EDITORA: Almedina Brasil
Rua José Maria Lisboa, 860, Conj. 131 e 132, Jardim Paulista | 01423-001 São Paulo | Brasil
www.almedina.com.br

Apresentação

Zelar pela informação correta, de boa qualidade e com fontes impecáveis é missão do jornalista. E nós, no MyNews, levamos isso muito a sério. No século XXI, nosso desafio é saber combinar as tradicionais e inovadoras mídias, criando um caldo de cultura que ultrapassa barreiras.

A nova fronteira do jornalismo é conseguir combinar todos esses caminhos para que nossa audiência esteja sempre bem atendida quando o assunto é conhecimento, informação e análise.

Confiantes de que nós estaremos sempre atentos e vigilantes, o MyNews foi criado com o objetivo de ser plural e um *hub* de pensamentos que serve como catalisador de debates e ideias para encontrar respostas aos novos desafios, sejam eles econômicos, políticos, culturais, tecnológicos, geopolíticos, enfim, respostas para a vida no planeta nestes tempos tão estranhos.

A parceria com a Almedina para lançar a coleção MyNews Explica vem de uma convergência de propósitos.

A editora que nasceu em Coimbra e ganhou o mundo lusófono compartilha da mesma filosofia e compromisso com o rigor da informação e do conhecimento. É reconhecida pelo seu acervo de autores e títulos que figuram no panteão de fontes confiáveis, medalhões em seus campos de excelência.

A coleção MyNews Explica quer estar ao seu lado para desbravar os caminhos de todas as áreas do conhecimento.

MARA LUQUET

Sumário

Apresentação

Senador Rodrigo Pacheco

Em 21 de abril de 1985, Dia de Tiradentes e aniversário de 25 anos de Brasília, faleceu Tancredo Neves. Ele teria sido o primeiro presidente civil depois de 21 anos de regime militar.

Dr. Tancredo faleceu no Instituto do Coração, em São Paulo, num domingo. No dia seguinte, o corpo foi trazido à capital federal para o velório. Às 17h45 daquela segunda-feira, nos ombros de seis cadetes das Forças Armadas, o caixão subiu a rampa do Palácio do Planalto. Tratava-se de um momento único, de profundo simbolismo político, que Orlando Brito presenciou, mas não conseguiu registrar.

Em suas próprias palavras, "a foto perdida é o diabo que ponteia a cabeça de todo fotógrafo". Em busca da melhor luz e do melhor ângulo, ele teria subestimado o tempo necessário para mudar de posição na rampa do Palácio e, quando se deu conta, o instante exato, preciso, fugaz, tinha passado.

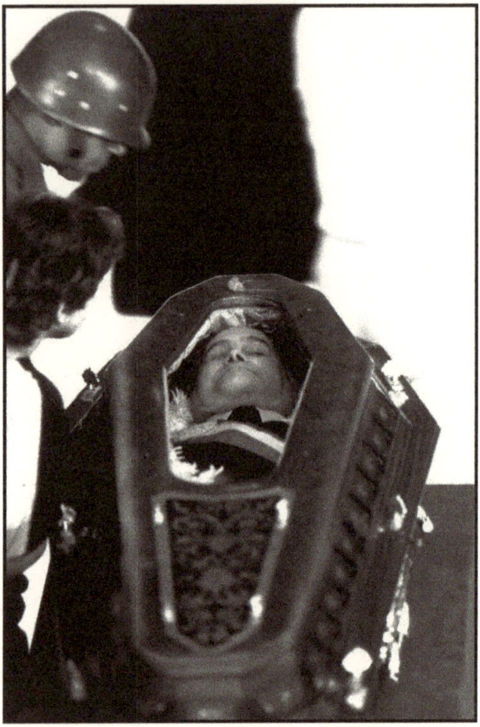

Morre Tancredo Neves, o primeiro presidente eleito pelo voto direto após o fim da ditadura.

Mas, se uma foto perdida já nos diz tanto, o que não dirão as fotos tiradas, os milhares de imagens — únicas, históricas — registrados pelas câmeras do mineiro Orlando Brito durante os 21 anos de regime militar?

Fotos como a de Humberto de Alencar Castello Branco, primeiro presidente do regime de exceção, que Orlando Brito tirou em 1964, aos catorze anos de idade, em sua primeira missão como fotógrafo profissional. Ou os inúmeros registros do cotidiano oficial de Costa e Silva, Médici, Geisel

Presidente Geisel de sunga na praia.
É o início da abertura política.

e Figueiredo. Os eventos, as reuniões ministeriais, os treinamentos, os soldados, as paradas militares, as comemorações do regime.

Do outro lado, o povo. As manifestações. As passeatas. Os protestos. A repressão. Os paisanos. Os empresários. Os políticos. O dia a dia do Parlamento brasileiro. Deputados. Senadores. Cassações.

Os fechamentos compulsórios do Congresso Nacional. Parlamentares, jornalistas e servidores apinhados, ouvindo pelo rádio, em dezembro de 1968, a leitura do Ato Institucional n. 5, o AI-5, que fechou, por quase um ano, as portas

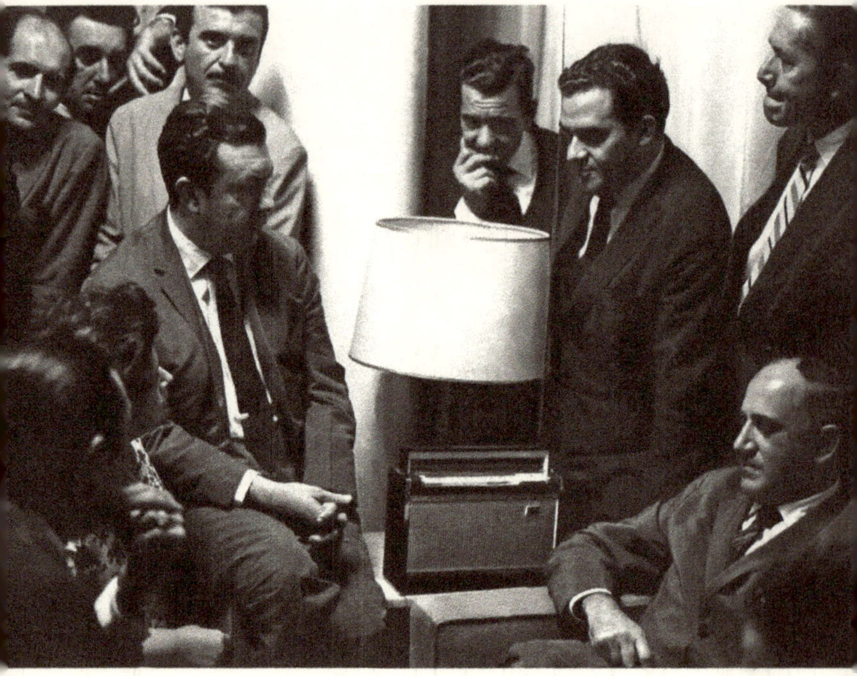

Em 13 de dezembro de 1968,
parlamentares escutam pelo rádio a leitura do AI-5.

do Parlamento. O Plenário da Câmara dos Deputados esvaziado, por decreto do Executivo, em abril de 1977, seguido pelo testemunho do fotógrafo: "triste imagem: ao invés de parlamentares em suas cadeiras, no lugar de oradores na tribuna e do povo nas galerias, somente um vigilante guardando o plenário completamente vazio".

Para muitos, este livro trará lembranças de tempos vividos. Para outros, abrirá uma janela para o passado. Para a História, será um registro fidedigno de uma época que não deve ser esquecida.

Orlando Brito dizia que "o fotógrafo não fotografa para si, mas para os leitores ausentes, para os olhos que estão distantes". Seu acervo fotográfico mantém nossos olhos voltados para a história recente do país. E este livro constitui um esforço republicano para que, por meio da delicada mas poderosa alquimia democrática, mantenhamos distantes, encerrados no passado, os tais tempos de chumbo.

Cadeiras vazias. Plenário do Senado Federal fechado.

Prefácio:
60 anos do golpe militar

Senador Randolfe Rodrigues

Este livro reúne imagens e memórias de mais de duas décadas da Ditadura Civil-Militar no Brasil, e é lançado no instante, ainda recente, em que tentativas de interrupção do processo democrático – como os atos golpistas de 8 de janeiro de 2023 – tumultuaram a República.

Nas imagens publicadas, homenageia-se Orlando Brito, um dos maiores e mais premiados profissionais do fotojornalismo, responsável pelos registros mais contundentes dos chamados Tempos de Chumbo. Somam-se a essas fotografias as memórias dos coautores deste livro, narrando lutas coletivas e pessoais, corajosamente travadas ininterruptamente ao longo de 21 anos, com seus ideais e ações que levaram à derrota da ditadura e à redemocratização do país.

Nas décadas de 1950 e 1960, a geopolítica da Guerra Fria adensava a polarização entre os países capitalistas hegemônicos e o bloco socialista simbolizado pela União Soviética, como consequência direta dos conflitos ideológicos e da reconfiguração do poder global que emergiram com o fim da Segunda Guerra Mundial. No Brasil, a participação política cresceu a partir da inclusão do voto feminino em 1932 e do fortalecimento das organizações dos trabalhadores urbanos e rurais, em meio às lutas decorrentes do aprofundamento das contradições econômicas e sociais de um país recém-industrializado, mas ainda subdesenvolvido.

Entre os anos de 1951 e 1964, o trabalhismo e o nacional-desenvolvimentismo foram a expressão mais importante das organizações sociais mobilizando corações e mentes nos sindicatos, nos partidos políticos de centro-esquerda e de esquerda e nas instituições de ensino do país. Presidentes eleitos nesse período – Getúlio Vargas, Juscelino Kubitschek e João Goulart –, antenados com as dinâmicas da sociedade, implementaram políticas que buscavam corresponder às demandas populares. Contudo, o conjunto de reformas sociais e econômicas iniciado por Getúlio e aprofundado pelos dois outros presidentes citados tinha opositores nacionais e estrangeiros incansáveis na faina conspiratória.

No início da década de 1960, tensionados pelo avanço da agenda nacionalista e o protagonismo crescente da centro-esquerda na vida política brasileira, foi inaugurada uma coalizão civil-militar que unia a extrema direita e a direita conservadora em torno de um projeto liberal cujo arranjo recebia apoio moral e financeiro de empresas multinacionais e dos Estados Unidos da América, instrumentalizando intensa propaganda anticomunista tendo por alvo governos legitimamente eleitos, sindicatos e organizações populares, valendo-se de argumentos falaciosos de anticomunismo e mesmo de explícita agitação, no intuito de levar à instabilidade social e à tomada de poder pelas armas.

Os principais agentes dessa plataforma política agressiva foram o Instituto de Pesquisa e Estudos Sociais (Ipes), o Instituto Brasileiro de Ação Democrática (Ibad), a Ação Democrática Popular (Adep) e a Ação Democrática Parlamentar (ADP), que coordenaram atividades de propaganda nos meios de comunicação e instituições de Estado cooptadas, assim como financiamento à oposição e de *lobby* continuado no Congresso Nacional, nas Assembleias Estaduais e nas Câmaras Municipais, demonstrando a organização e a envergadura do projeto golpista que estava em curso.

A campanha oposicionista foi vitoriosa, João Goulart foi deposto em 1º de abril de 1964 por uma manobra ilegal do presidente da Câmara dos Deputados, Ranieri Mazzilli, que declarou vaga a presidência do Brasil, com o presidente ainda em solo nacional. Cinquenta anos depois, em 2013, tive a honra de ser o autor de um projeto de decreto legislativo que anulou aquela sessão e, simbolicamente, restituiu o mandato presidencial a João Goulart.

Ranieri Mazzilli assumiu o país interinamente até 11 de abril, quando, mediante eleição indireta, o marechal Castello Branco foi alçado à Presidência do Brasil, sem que houvesse resistência à derrubada do governo legítimo que conduzia o país. Essa foi a primeira de outras quatro presidências que se seguiriam no transcurso da ditadura, todas ocupadas pelas mais altas patentes das Forças Armadas. O novo regime militarizou todos os órgãos do poder Executivo, nomeou governadores e prefeitos e implementou forte repressão aos seus opositores, políticos ou não – classificados como inimigos internos –, amordaçou a imprensa e confrontou toda e qualquer manifestação que fosse considerada subversiva à ordem imposta.

Ainda naquele ano, foi criado o famigerado Serviço Nacional de Informações (SNI), dirigido pelo general Golbery do Couto e Silva. Em consequência dos aparatos repressivos criados pela ditadura, várias pessoas foram torturadas, mortas ou estão, até hoje, desaparecidas. O Congresso Nacional nos Tempos de Chumbo foi fechado três vezes - em 1966, em 1968 e em 1977. Durante o Arbítrio, foram cassados 173 deputados federais e oito senadores em pleno exercício do mandato. Entre os primeiros parlamentares cassados pelo Ato Institucional n. 1 (AI-1), de 9 abril de 1964, destacam-se o deputado petebista Rubens Paiva, preso, torturado e morto em um quartel militar, em 1971, e o senador e ex-presidente da República Juscelino Kubitschek.

Apesar da repressão inaudita na história republicana brasileira conduzida pelos governos miliares de 1964, houve resistências. Movimentos estudantis, sindicatos e organizações de direitos humanos lutaram firmes contra o regime de exceção, enfrentando prisões arbitrárias, julgamentos tendenciosos, torturas violentíssimas e morte. O Ato Institucional n. 5 (AI-5) suspendeu todas as garantias constitucionais, permitindo prisões de todos os que ousassem lutar pela democracia.

A crescente insatisfação popular com os ditadores e suas políticas, que aprofundaram as desigualdades sociais, deu origem à mobilização dos trabalhadores e dos estudantes que forçaram a abertura política, no final da década de 1970, levando mais adiante à Lei da Anistia e à extinção do bipartidarismo político. Em 1985, pela primeira vez, desde 1964, um civil assume a presidência do país, embora a eleição tenha sido indireta, pelo voto de um colégio eleitoral, encerrando oficialmente 21 anos de vergonhosa Ditadura Civil-Militar. Jamais esqueçamos do histórico discurso do deputado Ulysses Guimarães, quando apresentou à nação a Constituição Cidadã de 1988:

"Conhecemos o caminho maldito. Rasgar a Constituição, trancar as portas do Parlamento, garrotear a liberdade, mandar os patriotas para a cadeia, o exílio e o cemitério.

Temos ódio à ditadura. Ódio e nojo.

Amaldiçoamos a tirania onde quer que ela desgrace homens e nações. Principalmente na América Latina."

"Ódio e nojo!" – estes dois antídotos são a melhor prevenção contra aventureiros arrivistas que se movem em silêncio contra a democracia, qualquer que seja a sua paleta de cores.

Daquele período de sombras restou ao país um legado de violações dos direitos humanos e a impunidade relativamente aos mortos e desaparecidos, além do aumento das desigualdades sociais, da censura, da repressão política, do fortalecimento da cultura autoritária e da exclusão social, traços coloniais que ainda desafiam a democracia e ameaçam o futuro do país.

A Emenda Constitucional 25, de 1985, e, em seguida a Constituição Federal, de 1988, ao habilitarem o voto do analfabeto, contribuíram para ampliar a manifestação política da vontade popular. Entre as nove eleições realizadas nos 35 anos de vigência da Constituição de 1988, sete foram vencidas por líderes da oposição contra a ditadura: Fernando Henrique Cardoso, Luiz Inácio Lula da Silva e Dilma Rousseff.

Em 2011, foi criada a Comissão da Verdade para investigar os atos de violência praticados pela ditadura de 1964 e restaurar os direitos das vítimas desse período, preservando a memória histórica e trazendo à luz o papel dos militares e policiais durante o período de exceção. Novos documentos divulgados nos EUA e no Brasil deixam clara a dimensão internacional do golpe, tanto pela presença americana nos acontecimentos da época quanto pelo raio de ação da Operação Condor, acordo entre as ditaduras sul-americanas do Cone Sul para a eliminação dos seus opositores, onde pudessem ser alcançados.

Neste século XXI, no contexto mundial, graves crises políticas, econômicas, humanitárias e sanitárias, disputas e guerras na Europa, no Oriente Médio e na África levam à instabilidade social e política em todos os continentes, abrindo, mais uma vez, espaço ao fascismo. No plano interno, há um longo caminho a percorrer para superar o autoritarismo político, as desigualdades sociais, raciais, étnicas e de gênero, a fragilidade institucional e a dependência econômica – traços seculares da formação histórica do país.

Ao provocar a lembrança do golpe de Estado de 1964, não há como conter a reflexão sobre as ameaças, internas e externas, ainda persistentes, que têm sido enfrentadas pelos democratas com o exercício cotidiano da política, a defesa dos valores coletivos e a imaginação de novas utopias para o Brasil. Diante desses eventos, este livro é um valioso testemunho e um alerta sobre o totalitarismo que oprimiu a sociedade brasileira por muitos anos, mas é também o manifesto da esperança e da certeza de que resistir é preciso, ontem, hoje e sempre.

O comício do Viaduto do Chá em São Paulo pelas Diretas Já, em 1984, reuniu líderes de todas as tendências políticas.

1
“A memória é uma ilha de edição!”
Alexandre Santini

Nestes tempos em que recordar os sessenta anos do Golpe Civil-Militar de 1964 significa um ato de resistência e de reafirmação da ainda frágil experiência democrática brasileira dos últimos quarenta anos – vide o 8 de janeiro de 2023 –, é à frase do poeta baiano Waly Salomão, que tomo emprestada como título, a qual recorro para expressar o que significaram, em minha história de vida, o golpe de 1964 e a ditadura militar.

Ter nascido em 1979, portanto no último ciclo do governo militar no Brasil, não impediu que 1964 e suas consequências de longo alcance afetassem minha trajetória, afetos, aspirações, formação e visão de mundo. Os filhos da ditadura somos nós, que nascemos em meio a ela, ainda que nos seus estertores, atravessados por ela, que crescemos ouvindo as histórias, sentindo as consequências, acompanhando e tomando parte na transição democrática, nos avanços e retrocessos sociais e econômicos das últimas décadas e, mais recentemente, estarrecidos vendo a história se repetir, em parte como farsa, em parte como tragédia.

Nossa história, no entanto, começa sempre antes de nós. E a minha relacionada ao golpe militar de 1964 começa com o médico sanitarista, gestor público e pesquisador Luiz Antônio Santini, meu pai, primogênito de uma família de oito irmãos, filhos de um trabalhador rural e uma dona de casa, Manoel e Beatriz. Como cabia a um filho mais velho, foi escolhido para, aos oito anos, sair do pequeno distrito de Santa Isabel do Rio Preto, município de Valença (RJ), na divisa com Minas Gerais, onde a família vivia, e ir estudar e se formar na cidade grande. Veio criança para a Tijuca, no Rio de Janeiro, aos cuidados de seu padrinho, dr. Sebastião de Castro Ferreira Pinto, médico sanitarista que atuou no estado do Rio de Janeiro na campanha de erradicação da malária e em outras ações de saúde coletiva naqueles tempos de pré-história do SUS, pelos idos dos anos 1940 e 1950.

No início dos anos 1960, como aluno do colégio São José, ligado à Ordem dos Irmãos Maristas, deu seus primeiros passos na militância do movimento estudantil secundarista, na antiga Associação Metropolitana de Estudantes Secundários (AMES). Inicialmente vinculado à Juventude Estudantil Católica (JEC), organização que se formava recentemente, sob os ecos do Concílio Vaticano II e da doutrina social da igreja, no efervescente ambiente político, social e cultural que antecedeu o Golpe Civil-Militar de 1964. A JEC, assim como a Juventude Universitária Católica (JUC), foi um rico ambiente de formação de quadros e lideranças políticas e sociais, que se dividiram depois entre as mais diversas correntes políticas da esquerda brasileira de então, e foram a espinha dorsal da formação da Ação Popular (AP), que congregou nomes como Frei Betto, Herbert de Souza (Betinho), Haroldo Lima, entre outras e outros.

Seguindo os passos de seu padrinho, ingressou em 1966 na Faculdade de Medicina da Universidade Federal Fluminense (UFF), onde se formou e construiu sua carreira de médico, docente e gestor. Já com a ditadura instalada, tomou parte na resistência política e cultural ao regime de exceção, participando ativamente da luta contra a reforma universitária e ao acordo MEC-Usaid. Nesse período, como membro do Centro Acadêmico dos estudantes de medicina da UFF, vinculou-se ao Partido Comunista Brasileiro (PCB), naquele momento já atuando na clandestinidade, mas com forte presença junto à militância estudantil.

Atravessou o ano de 1968 participando ativamente das jornadas estudantis que movimentaram o país, incluindo a histórica Passeata dos 100 Mil, na avenida Rio Branco, no centro do Rio de Janeiro. Escapou por pouco de ser preso no Congresso da UNE em Ibiúna, devido a uma falha de logística que impediu a chegada de parte da delegação do Rio de Janeiro.

Semanas após a decretação do Ato Institucional n. 5, de 13 de dezembro de 1968, meu pai conta que ele e diversos de seus colegas de universidade foram levados a uma reunião, para onde foram conduzidos, de olhos vendados, a um sítio na região serrana fluminense. Neste encontro discutia-se, de forma intensa e apaixonada, a decisão de aderir ou não à luta armada. Para os que estavam ali, era a hora e a vez de uma grave decisão: os que fizessem a opção pela resistência armada já deveriam sair dali para uma vida clandestina, abandonando o nome, a família, os estudos e o trabalho. Muitas e muitos que fizeram essa escolha naquele momento vieram a enfrentar a prisão, a tortura, o exílio, a morte.

Não havia opção fácil. Os debates foram duros, passionais, emocionados. Mas meu pai optou por seguir a linha do "Partidão", de resistência pacífica ao regime militar, e retornou desse encontro para seguir sua vida de estudante de medicina, já naquele momento residindo em Niterói (RJ). Fico tentando intuir seus sentimentos e pensamentos naquela hora de decisão. Talvez tenha pensado em meus avós, e nos esforços que faziam para manter aquele filho na cidade estudando para ser "doutor". Talvez tenha pensado nos irmãos pequenos. Ou talvez tenha tomado uma decisão ouvindo mais a razão do que o coração. O fato é que retornou, manteve os estudos e a trajetória profissional e acadêmica, embora servindo como ponto de contato e apoio aos companheiros como médico residente e depois efetivo, professor e diretor da Faculdade de Medicina da UFF ainda nos anos 1970.

Nascido no último ano da década de 1970, minhas primeiras lembranças conscientes sobre o mundo à minha volta datam mais ou menos de 1983 e 1984, e tenho muito presentes as imagens, na televisão e nas ruas, das camisas amarelas da campanha das Diretas Já. Lembro das imagens impressionantes dos comícios, aquele mar de gente verde e amarela, salpicado por bandeiras vermelhas; da presença dos artistas nos palcos e palanques, e me recordo especialmente daqueles que eu já ouvia e cujas músicas sabia, pois frequentavam a vitrola do aparelho de som 3 em 1 de minha mãe Maria Helena: Milton Nascimento, Fafá de Belém, Ivan Lins.

Lembro de sentir o ar pesado de tristeza e frustração com a derrota da emenda Dante de Oliveira no Congresso Nacional. Lembro da alegria em casa com a vitória de Tancredo Neves no colégio eleitoral, em seguida a vigília por sua longa agonia; lembro da imagem de minha mãe me acordando com os olhos marejados e dando a notícia da morte de Tancredo, que senti como a perda de um parente, um ente querido. "Coração de estudante" tocava sem parar na TV enquanto assistíamos arrebatados às multidões que tomaram as ruas do Brasil para a última homenagem a esse mineiro de São João Del-Rei que, com astúcia e habilidade, ajudou a conduzir o Brasil em sua travessia democrática.

Mas a democracia não chegaria sem sobressaltos. Além da morte de Tancredo, que foi um trauma coletivo, passado e presente se confundiam nos primeiros tempos da Nova República, e as sombras da ditadura ainda se faziam sentir no cotidiano, nos pequenos gestos, nas atitudes e no comportamento.

Em 1985, já sob o governo de José Sarney, começa o movimento nacional pela legalização dos partidos comunistas – o PCB e o PCdoB, correntes oriundas do Partido Comunista do Brasil fundado em 1922, e com larga tradição na história de lutas do povo brasileiro. Estes partidos, embora já atuassem abertamente na sociedade, até aquele momento não tinham o registro legal que lhes garantisse plenos direitos políticos e eleitorais.

Como parte da campanha, foi organizado no Rio de Janeiro o "Festão da Voz", no antigo Estádio de Remo da Lagoa, um festival político-cultural reunindo nomes como Martinho da Vila, Leci Brandão, Francisco Milani, entre muitos artistas, intelectuais, personalidades e lideranças políticas. Fui ao evento levado por meu pai, tive pela primeira vez a percepção do que era sair à noite, estar em um evento cultural, com música alta e muita gente, e gostei da sensação que tudo aquilo me provocava. Cantei e aprendi as músicas e as palavras de ordem cantadas pelo público que lotou o espaço: "Força! Ação! Aqui é o Partidão!".

Ao chegar na casa da mãe, e contando como tinha sido o final de semana em companhia do pai (somos a geração em que se tornou "normal" ser filho/a de pais separados), cantei entusiasmado os *slogans* e palavras de ordem aprendidos no festival. Fui duramente repreendido por ela, que pediu que eu não cantasse nunca aquilo em público, ou na escola. Falou que poderia ser perigoso para mim e para o meu pai. Entre assustado e surpreso, não conseguia entender o que aquelas músicas poderiam fazer de tão mal, a ponto de nos colocar em risco. Prevaleceu, naquele momento, o medo. Mas ficaram o interesse, a curiosidade, a vontade, a irresistível atração que o arriscado e o proibido podem exercer em uma criança.

Mais ou menos nessa época – o ano era 1985 – meu pai assumia um cargo público de grande importância: a Superintendência do INAMPS, o Instituto Nacional de Assistência Médica da Previdência Social, no estado do Rio de Janeiro. Eram tempos pré-SUS, e sem um sistema nacional e universal era ainda através da previdência social, do antigo INPS, e do INAMPS, que trabalhadores e a população pobre podiam acessar um atendimento médico público e gratuito. Às superintendências estaduais do INAMPS cabia ainda a distribuição de verbas para os serviços de saúde das prefeituras, o que tornava essa posição extremamente atrativa, disputada e, como veremos adiante, perigosa.

A posse foi tumultuada. A indicação do seu nome para esse posto foi fruto de uma articulação entre os chamados "autênticos" do PMDB, membros do "Partidão" e o movimento de uma geração de médicos e gestores da área de saúde que ficaria conhecido como o "Partido Sanitarista", importante embrião da criação do SUS. Mas as resistências se fizeram sentir, a ponto de a cerimônia de posse ter sido suspensa minutos antes do início, já com o auditório lotado, gerando protestos. Nós familiares estávamos ali, aturdidos com aquela situação. A posse acabou ocorrendo no dia seguinte, graças à intervenção direta do então ministro da Previdência Social, dr. Waldir Pires, junto ao então presidente José Sarney. No meio daquela confusão, me lembro do gesto bondoso e paciente do dr. Waldir, me recebendo em sua sala com carinho, me sentando em sua mesa de trabalho e dedicando alguns minutos de total atenção e disponibilidade a uma criança atarantada, sem a menor ideia de estar diante de um ministro de Estado.

Passados alguns meses, meu pai enfrentava no cargo pressões de grupos empresariais e políticos interessados em contratos de fornecimento de obras e equipamentos aos serviços públicos de saúde. Nesse período, começamos a receber em casa telefonemas ameaçadores, aos quais minha mãe atendia e uma voz masculina dizia o que eu tinha feito durante o dia, a roupa que estava vestindo, os horários de chegada e saída da escola etc. Aos cinco, seis anos de idade, eu estava sendo seguido, não se sabia exatamente por quem. Um desses telefonemas eu atendi, e uma voz em tom amável disse que iriam me levar para longe e que nunca mais veria meus pais. Nunca poderei esquecer do contraste entre a cordialidade da voz e a ameaça da mensagem. O medo se ser levado para longe e nunca mais ver os pais me acompanharia

Ulysses Guimarães garante o mandato de José Sarney, vice de Tancredo, recém-falecido.

por muitos anos. Por algumas semanas, tive que ficar em um hotel fazenda, sem entender muito bem aquelas "férias" intempestivas e não programadas. Pouco tempo depois,

meu pai pediria demissão do cargo, sob protestos dos médicos e profissionais da saúde.

Apesar desses momentos de tensão, havia também as situações descontraídas e os momentos agradáveis. Nos finais de semana, os encontros nos ambientes da política tinham o clima da "esquerda festiva" daquela época: o Bar e o Bloco do Barbas, em Botafogo, onde se comia filé com fritas em encontros regados a alto teor etílico (no copo dos adultos!), liderados pelo jornalista e agitador cultural Nelson Rodrigues Filho, ex-preso político. Em uma dessas ocasiões, pude conhecer um ídolo: o médico e jogador de futebol Sócrates Brasileiro, o dr. Sócrates, líder da Democracia Corinthiana e dono de um estilo único e refinado de jogar bola, a quem eu assistiria orgulhoso na Copa do Mundo do México de 1986. Na escola, nessa época, perguntaram qual era a profissão do meu pai, e respondi: "Médico". Não satisfeitos, foram além: "Certo, mas o que ele faz?" (como médico). Prontamente, esclareci: "Ele faz reunião!".

Em 1989, aconteceram as primeiras eleições diretas para presidente da República após o fim do regime militar. Aos dez anos, da forma que era possível para uma criança dessa idade, mergulhei de cabeça nessa campanha eleitoral. Acompanhava todos os programas do horário eleitoral gratuito, decorando os *jingles* e discorrendo sobre os mais de vinte candidatos que se apresentaram naquele pleito eleitoral. Fazia campanha por Roberto Freire, então candidato do PCB, e participei dos eventos e carreatas realizados no Rio de Janeiro, além de frequentar o seu comitê de campanha em Niterói, na avenida Amaral Peixoto, em companhia de meus pais ou de amigos da família. Já naquele momento, além da campanha por Roberto Freire, fazíamos também a "anticampanha" contra Fernando Collor de Mello, traduzida no *slogan "Nelle Não"*. Na escola em que estudava, Aldeia Curumim, em Niterói, houve uma "eleição simulada", dias antes do primeiro turno, e o resultado refletia a orientação política e ideológica dos pais, professores e alunos: deu Lula em primeiro lugar, Leonel Brizola em segundo e Roberto Freire em terceiro.

Como sabemos, o resultado eleitoral das urnas foi bastante diferente desse, e no segundo turno todos nos engajamos no apoio à candidatura de Luiz Inácio Lula da Silva. A escola praticamente parou, e o tema das eleições tomou conta das salas de aula e das conversas na hora do recreio e com os professores. Acompanhava com atenção os programas eleitorais, os debates entre os presidenciáveis Lula e Collor (incluindo a manipulação editorial do último debate, às vésperas do segundo turno das eleições, veiculado em rede nacional).

Fui com meu pai ao histórico comício de Lula na Candelária, em novembro de 1989, uma experiência que me marcou para a vida. Em meio à multidão, empunhávamos a nossa bandeira do PCB, e acompanhamos juntos com emoção as falas daquela "frente ampla" que reunia Lula, Brizola, Mário Covas, Roberto Freire, vários artistas e intelectuais. Lembro com emoção do histórico discurso de Luiz Carlos Prestes, o "Cavaleiro da Esperança", ovacionado pelas milhares de pessoas ali reunidas, dando o sentido histórico daquele momento, naquela que seria provavelmente a sua última aparição pública antes de sua morte em março de 1990. A derrota eleitoral de Lula não apagou, entretanto, a chama do interesse pela política e pelas questões nacionais.

Foi nesse ambiente que cresci e me formei, que despertou a minha consciência política e no qual fui formando o caráter e a visão de mundo. Filhos da ditadura, crescemos para superá-la, cultivando uma crença firme, profunda e inabalável na democracia brasileira. Viver a história vista de dentro me fez aprender com Paulinho da Viola que, "quando penso no futuro, não esqueço do passado".

Duros tempos de censura e intimidação.

2
Democracia e ameaças antidemocráticas: Um olhar no retrovisor e a necessidade de constante vigilância ante os desafios do século XXI

Bruno Lunardi Gonçalves

Com imensa honra, recebi o convite de participar de obra alusiva ao 60º aniversário do episódio de deposição do então presidente brasileiro João Goulart (Jango), no que daria início aos mais de vinte anos de sucessivos governos militares no Brasil. A obra almeja homenagear um dos maiores profissionais do fotojornalismo brasileiro, Orlando Brito, aguerrido membro da imprensa brasileira durante o período ditatorial no Brasil que testemunhou, por exemplo, o fechamento do próprio Congresso Nacional, em 1977. Então, não há como analisar o histórico democrático brasileiro, do ponto de vista de imagens documentais, sem mencionar Orlando Brito.

Quando recebi o convite, contudo, deparei-me com um questionamento: o que uma pessoa de 29 anos, nascida cerca de seis anos após a promulgação da Constituição de 1988, poderia agregar à análise desse período de horror do passado, já tão bem documentado? Após muita reflexão, cheguei à conclusão de que a *solução* possível seria colocar os olhos em perspectiva e projeção para os desafios do século XXI, mas mantendo a visão também no retrovisor, por meio das experiências constitucionais mundiais, e também brasileira, a qual foi documentada, em parte, por Orlando Brito.

É o que passo a sucintamente fazer nas linhas seguintes.

A visão moderna sobre a democracia política

A democracia, tal como a conhecemos hoje, emergiu das revoluções burguesas que ocorreram na Inglaterra, França e Estados Unidos. Em suma, de acordo com definições amplamente aceitas no segmento da ciência política, uma democracia política é baseada: no respeito às liberdades cívicas fundamentais; em eleições livres e participativas; no pluralismo político e liberdade partidária; na separação de poderes e limitação do poder governamental; na alternância do poder; e na preservação do princípio majoritário, resguardando os direitos das minorias.

Atualmente, contudo, há uma crescente preocupação em assegurar a participação de grupos anteriormente marginalizados e minorias políticas na democracia deliberativa, um corolário da ideia de igualdade insculpida na Constituição de 1988: garantir que os cidadãos, todos eles, possam influenciar efetivamente as decisões políticas relevantes. Esse movimento de participação ativa das minorias políticas, conquanto seja um dos pressupostos para *salvarmos a democracia* – aqui citando Levitsky e Ziblatt, na recente obra *Como salvar a democracia* –, gera diversas reações em segmentos da sociedade, algumas das quais podem ser contrárias aos princípios democráticos.

Em outras palavras, a democracia moderna abrange aspectos como a representatividade eleito-eleitor, o respeito ao estado de direito democrático, a proteção dos direitos fundamentais, a promoção do pluralismo político, a existência de *checks and balances* (freios e contrapesos) no sistema de poderes, um Judiciário independente com aptidão para o *judicial review*, a transparência e responsabilidade dos governantes, uma imprensa livre e forte, a construção de uma sociedade civil robusta com respeito às minorias políticas, e a deliberação democrática, sempre respeitando os direitos fundamentais.

Sem qualquer pretensão de analisar todos os pilares da construção doutrinária acerca da ideia de democracia, cumpre-se fazer uma breve análise sobre o princípio da separação de poderes, tão aludido recentemente, nas supostas *invasões* de um poder – recentemente, o alegado *culpado* vem sendo o Judiciário; no passado, foi o próprio Executivo, a exemplo das edições de controversas medidas provisórias – sobre as competências constitucionais de outro – recentemente, a alegada *vítima* vem sendo ora o Executivo, ora o Legislativo.

Com efeito, o art. 2º da Constituição Federal de 1988 consagra a independência e a harmonia entre os poderes Legislativo, Executivo e Judiciário. O fato de ser um dos artigos iniciais da Constituição ecoa, a vívidas vozes, o fato de se tratar de um dos princípios fundamentais da organização do Estado brasileiro, inclusive em razão da própria questão topográfica.

O princípio foi elevado a um dos núcleos fundamentais do Estado Liberal e do constitucionalismo contemporâneo após estudos de Locke e de Montesquieu, em suas observações acerca do comportamento dos estados inglês e francês. Ambos observaram que, dada a própria natureza humana, de quem o Estado é finalmente composto, se não houver algum modo de o próprio poder frear o poder ("*le pouvoir arrête le pouvoir*"), é possível que ele se deteriore para algo incontrolável, o que é o oposto do desejado pelo Estado burguês, que clamava pela garantia das liberdades negativas, sobretudo após o longo período de Absolutismo. O risco do abuso independia da virtude humana, visto que mesmo a pessoa mais virtuosa precisa de limites, sob pena de possível degeneração.

No Brasil, mesmo a Constituição do Império, de 1824, já colacionava, em seu art. 10 e à sua maneira, a estrutura da repartição de competências, com mútua limitação entre os poderes.

É claro que, no Império, o então poder Moderador, idealizado por Benjamin Constant, tinha o propósito de equilibrar os demais poderes, colocando-se acima deles, para *moderar* controvérsias e garantir que as decisões fossem alinhadas à política esperada pelo Imperador, que outorgou a Carta de 1824, à revelia da opinião contrária da Assembleia Constituinte de 1823.

Na Constituição de 1891, que marcou a Primeira República, passou-se a prever tão somente a existência, em harmonia e independência, dos poderes Legislativo, Executivo e Judiciário, tachados como os órgãos da *soberania nacional* (art. 15). Todas as Constituições subsequentes mantiveram a estrutura tripartida para a separação dos poderes, à exceção da Carta autoritária de 1937, marcante do Estado Novo de Vargas: art. 3º da Constituição de 1934 (Segunda República), art. 36 da Constituição de 1946 (República de 46), art. 6º da Constituição de 1967 (Regime Militar), art. 6º da Emenda Constitucional n. 1, de 1969 (Regime Militar), e art. 2º da Constituição de 1988.

É claro que, durante o período instaurado em 1964, a separação de poderes era apenas formal, na medida em que, materialmente, os militares controlavam o Congresso Nacional e o poder Judiciário, tendo inclusive suspendido as garantias dos magistrados.

De toda forma, muito embora o texto constitucional atual seja eloquente, inclusive numa perspectiva de construção e evolução histórica, recentemente ressurgiu uma antiga leitura no sentido de que a Constituição brasileira, em seu art. 142, contemplaria a existência de um suposto "Poder Moderador", a ser exercido pelas Forças Armadas.

Contudo, o correto sentido a ser extraído do texto "as Forças Armadas (...) destinam-se (...) à garantia dos poderes constitucionais" não é de que a Constituição Federal aceita uma *moderação heteróloga* dos aceitáveis conflitos entre as competências exercidas constitucionalmente pelos três poderes constituídos. Pelo contrário: a estrutura tripartida posta para os *checks and balances* é tão relevante que as Forças Armadas devem se prestar à garantia de sua existência, quando efetivamente ameaçada.

Nesse sentido, o poder Legislativo, por meio de suas consultorias jurídico-legislativas, se manifestou pelo não cabimento da interpretação de que as Forças Armadas poderiam atuar como árbitro externo para a moderação de eventuais conflitos entre os três poderes constituídos.

Assim, a Secretaria-Geral da Mesa da Câmara dos Deputados elucidou que:[1] o art. 142 da Constituição Federal não autoriza a realização de uma "intervenção militar constitucional", ainda que de caráter pontual. Como instituições permanentes e regulares, as Forças Armadas se organizam de forma independente em relação ao governo e funcionam mesmo em contextos excepcionais. A "autoridade suprema" do presidente da República em relação às Forças Armadas significa simplesmente que a direção do chefe do poder Executivo não pode ser contrastada por qualquer autoridade militar, o que mais uma vez revela a prevalência do poder Civil.

Nenhum dispositivo constitucional e legal faz qualquer referência à suposta atribuição das Forças Armadas para o arbitramento de conflito entre os poderes. No papel de garantia dos poderes constitucionais, o presidente da República apenas deve, em ato vinculado, atender a requisição dos presidentes dos demais poderes, caso haja ameaças exógenas, advindas de facções ou grupos fora do aparato estatal, que, pelo emprego atual ou iminente de meios violentos, possam colocar em risco, de forma concreta, o regular exercício das funções constitucionais de cada um dos poderes da República.

Eventuais conflitos entre os poderes devem ser resolvidos pelos mecanismos de freios e contrapesos existentes no texto constitucional, ao estabelecer controles recíprocos entre eles. São esses mecanismos que fornecem os instrumentos necessários à resolução de conflitos, tanto em tempos de normalidade como em situações extremadas, que ameacem a própria sobrevivência do regime democrático e da ordem

---

[1] BRASIL. Câmara dos Deputados. Parecer. Disponível em: https://www.camara.leg.br/midias/file/2020/06/parecer.pdf. Acesso em: 25 jan. 2024.

constitucional. Não existe país democrático no mundo em que o Direito tenha deixado às Forças Armadas a função de mediar conflitos entre os poderes constitucionais ou de dar a última palavra sobre o significado do texto constitucional.

A Consultoria Legislativa do Senado Federal, por sua vez, rememorou, na análise empreendida pelo Consultor Legislativo João Trindade Cavalcante Filho, a interpretação originária do art. 142:[2] "sobre a expressão 'garantia da lei e da ordem', a discussão toda girava em torno de se as Forças Armadas deveriam ter uma atuação exclusivamente na defesa externa ou se poderiam também atuar em relação à segurança interna. Nenhum constituinte defendeu a redação do que hoje veio a se tornar o art. 142 no sentido de que as Forças Armadas deveriam atuar como 'poder moderador'".

Também o Supremo Tribunal Federal (STF) já se posicionou, em decisão monocrática do então presidente da Corte, ministro Luiz Fux, no sentido de que "inexiste no sistema constitucional brasileiro a função de garante ou de poder moderador: para a defesa de um poder sobre os demais a Constituição instituiu o pétreo princípio da separação de poderes e seus mecanismos de realização" (ADI-MC 6.457/DF).

Em outra oportunidade, o atual presidente do STF, ministro Luís Roberto Barroso, proferiu decisão monocrática elucidando, entre outros aspectos muito relevantes, que (MI 7311/DF): "[...] a menos que se pretenda postular uma interpretação retrospectiva da Constituição de 1988 à luz da Constituição do Império, retroceder mais de 200 anos na história nacional e rejeitar a transição democrática, não

[2] BRASIL. Senado Federal. Nota Informativa da Consultoria Legislativa n. 2.866, de 2020. Disponível em: https://www.conjur.com.br/dl/nota-tecnica-senado.pdf. Acesso em: 25 jan. 2024.

há que se falar em poder moderador das Forças Armadas. Para constatá-lo, basta recorrer a qualquer dos elementos de interpretação. Nesse sentido, do ponto de vista literal, não há qualquer menção no art. 142 da Constituição ou em qualquer outro dispositivo constitucional a um 'poder Moderador' ou a seu exercício pelas Forças Armadas. Quanto ao elemento histórico, não há nada nos anais da Constituinte que permita uma interpretação no sentido de que se atribuiu às Forças Armadas tal papel. Muito pelo contrário, o que a Constituição de 1988 buscou, conforme todos os relatos de que se tem notícia, foi justamente a transição para a supremacia do poder civil e da Constituição. Na perspectiva sistemática, a Carta estabeleceu múltiplos mecanismos de freios e contrapesos, que permitem o controle recíproco entre os Poderes Executivo, Legislativo e Judiciário, de modo a que as decisões tomadas no espaço público sejam resultado do equilíbrio alcançado por meio de tal interação. E, levando em conta o elemento teleológico, finalístico, a Constituição é inequívoca ao estabelecer a destinação das Forças Armadas: defender a pátria e garantir os 'poderes constitucionais'. Todos eles. Não é seu papel afirmar um em detrimento dos demais".

Embora a doutrina, a jurisprudência e a interpretação legislativa, inclusive a autêntica originária, sejam uniformes no sentido de rejeitar qualquer espécie de tutela militar sobre a República brasileira atual, é certo que tal discussão remonta a um período mal resolvido da história brasileira: a transição durante a redemocratização.

Diferentemente até mesmo da experiência em outros países latino-americanos, que passaram por regimes autoritários em época similar ao Brasil, a transição aqui foi parcial, lenta e gradual, sob a liderança dos militares, que se colocavam, à época, como os garantidores do próprio sistema democrático, numa espécie de tutela do Estado.

Ou seja, embora a interpretação do art. 142 da Constituição pareça, hoje, bastante simples, na medida em que o texto posto é claro, é certo que aqueles que tentam extrair da redação do dispositivo uma leitura *heterodoxa* – de que haveria, ainda hoje, uma espécie de poder Moderador – se valem de questões mal resolvidas entre instituições civis e militares, o que tangencia a histórica evolução sociopolítica brasileira.

Assim, qual é a solução possível?

Do ponto de vista legislativo, há quem defenda uma mudança na redação do art. 142 da Constituição, para afastar qualquer possibilidade de se extrair, do texto escrito, qualquer norma no sentido de existência de uma função moderadora das Forças Armadas.[3]

Por outro lado, também há quem entenda que uma eventual tentativa de alteração na redação, além de não representar garantia de atingimento de um texto considerado ideal, poderia dar combustível à leitura de que haveria, hoje, tal função moderadora possível. Advoga para esse lado o fato de que, juridicamente, não há qualquer controvérsia relevante sobre o ponto. Contudo, mesmo o Direito encontra seus limites quando se depara com a realidade social. Com efeito, é certo que o problema – que poderia parecer meramente teórico, não fossem as recentes tentativas de franquear a heterodoxa interpretação – não é de fácil solução.

---

[3] PODER 360. PT debate alterar artigo 142 e limitar poder das Forças Armadas. Disponível em: https://www.poder360.com.br/governo/pt-debate-alterar-artigo-142-e-limitar-poder-das-forcas-armadas/. Acesso em: 25 jan. 2024.

Em um sistema de tripartição harmônica de poderes, especialmente com possibilidade de *judicial review* das decisões majoritárias em caso de afronta às balizas constitucionais, sempre haverá *infelizes prejudicados* pelas decisões postas. Alguns *prejudicados* buscam mudanças mais sutis, a serem descritas posteriormente. Outros, mais ousados, aceitariam a incursão em um novo regime de tutela militar.

Sobre o assunto, Levitsky e Ziblatt propõem que um modo de evitar que essa corda seja convenientemente *esticada* é o fortalecimento das maiorias governantes, com o enfraquecimento saudável das instituições legislativas e judiciais contramajoritárias. Tal conduta evitaria que minorias partidárias frustrassem repetidamente as maiorias legislativas. Assim, governaria quem tivesse alcançado a posição de maioria no governo. É certo, contudo, que as decisões contramajoritárias são a minoria daquelas alcançadas pelas Cortes ou pelos Parlamentos, mas são bastante ruidosas em algumas camadas da sociedade, normalmente mais desejosas da manutenção do statu quo.

Também é claro que a ideia dos autores não implica dizer que as minorias ficariam totalmente desguarnecidas, o que seria um contrassenso com a própria lógica de democracia constitucional moderna. A rigor, isso consiste em deixar as minorias protegidas pelo núcleo duro dos direitos fundamentais da Constituição Federal, liberdades negativas ou positivas, para que tentem alcançar a posição de maioria legislativa na próxima *rodada democrática.*

A esse respeito, aliás, convém notar que o princípio da alternância do poder também é um dos pilares da construção da teoria democrática moderna. No Brasil, ao longo da história, manteve-se, regra geral, a máxima de vedar a recondução dos líderes do poder Executivo. Até mesmo durante o período ditatorial, havia troca periódica dos comandantes militares, ainda que por mera formalidade, e não real alternância de poder. Nisso, o caso brasileiro foi diferente do chileno, do paraguaio e do nicaraguense.

Durante o governo do presidente Fernando Henrique Cardoso, devido a conjunturas político-econômicas da época, a Emenda Constitucional n. 16, de 1997, passou a admitir uma reeleição sucessiva ao cargo de chefe do poder Executivo, sem limitações não sucessivas. Desde então, dadas as intrínsecas vantagens do mandatário do momento, apenas um presidente da República não logrou êxito no intento de reeleger-se.

De acordo com José Afonso da Silva, "a forma republicana de estado implica a necessidade de (...) eleições periódicas por tempo limitado que se traduz na temporariedade dos mandatos eletivos e, consequentemente, na não vitaliciedade dos cargos políticos, prestação de contas da administração pública".[4]

Assim sendo, o estabelecimento de mandatos periódicos foi alçado, por vias transversas, ao posto de *cláusula pétrea* da Constituição Federal, que categoriza o voto periódico como norma imutável, não sendo passível de deliberação qualquer proposta tendente à sua abolição. Isso porque honrar a alternância de poder é reverenciar o primado fundamental da democracia.

Essa é a teoria. Na prática, contudo, veem-se inúmeros episódios de tentar embaraçar a real alternância de poder, por meio daquilo que se convencionou chamar de *golpe de Estado*, um conceito multifacetado e com adaptações modernas.

---

[4] SILVA, José Afonso da. *Curso de Direito Constitucional Positivo.* 36ª ed. São Paulo: Malheiros Editores, 2012, p. 106.

O "golpe de Estado": da visão clássica à construção moderna

Levitsky e Ziblatt iniciam a obra *Como as democracias morrem* narrando o golpe ocorrido no Chile em 1973, quando se derrubou o governo Allende. Ali, um ato com bombas, tanques, fuzis e prisões colocava, à força e ao medo do sangue, Pinochet no comando do país. Trata-se da visão clássica de golpe de Estado, que também atingiu países como Argentina, Brasil, Gana, Grécia, Guatemala, Nigéria, Paquistão, Peru, República Dominicana, Turquia e Uruguai, e, mais modernamente, Tailândia e Egito.

Contudo, a tomada do poder pela coerção armada não é mais a modalidade preferida, visto que dependente de uma conjuntura muito específica de fatores complexos, sobretudo em um mundo globalizado e em um país tão inserido internacionalmente quanto o Brasil – isto é, sem o apoio externo, sobretudo dos maiores parceiros comerciais, dificilmente uma empreitada golpista à base de canhões teria êxito.

Com efeito, hoje se aposta em uma espécie de *cupinização* da democracia (expressão utilizada pela ministra Cármen Lúcia, do STF), num desfazimento, *tijolo a tijolo*, dos mais profundos pilares da construção democrática de um país. Assim, vela-se a morte gradual da democracia com uma fachada externa de aparente normalidade e adequação às balizas e limites constitucionais.

Apenas os mais experientes *peritos em Democracia* seriam capazes de notar as fissuras democráticas antes da ruína de toda a construção em si, que representaria o ponto de não retorno democrático. Assim, para Levitsky e Ziblatt, "desde o final da Guerra Fria, a maior parte dos colapsos democráticos não foi causada por generais e soldados, mas pelos próprios governos eleitos".

Algumas técnicas de *corroer* a democracia são notadas mundo afora: a tentativa de justificar qualquer medida com alguma boa intenção – ainda que claramente pueril –, para chancelar a fachada democrática; a utilização da lógica do inimigo contra os demais poderes constituídos, normalmente o poder Judiciário, que desempenha o importante papel contramajoritário, e o poder Legislativo, sob o manto de uma alegada ineficiência da representação legislativa; a tentativa de desacreditar consensos científicos há muito postos, sem qualquer lastro para as afirmações vazias; a tentativa de difamar a própria democracia política, tachando os políticos – *eles, os outros* – como corruptos que não perquirem o real interesse público subjacente, numa pretensão de negar a legitimidade dos oponentes políticos; o enfraquecimento de agências com competência eminentemente técnica; a tentativa de desacreditar o sistema eleitoral e de tachar como inadequada a proteção das liberdades positivas e negativas da Constituição, com a rejeição das regras democráticas; a tentativa de restringir o funcionamento de sociedades civis organizadas; a tentativa de enfraquecimento de instituições de controle e fiscalização; a tentativa de encorajar, ou tolerar, manifestações de violência.

Isso é feito pelos autocratas de plantão utilizando as próprias instituições da democracia, de forma sutil e gradual, com a captura de um crescente descontentamento com o *establishment*, o que legitimaria as pretensões mais heterodoxas.

Diante disso, o atual estado da arte para os golpes de Estado é uma espécie de *guerra híbrida*, em que se utiliza de modernas técnicas de corrosão interna da própria democracia para, após o atingimento de um *ponto de não retorno*, apostar nos ensinamentos já tradicionais dos tanques e canhões, para terminar de arrefecer os críticos. Trata-se de mais uma manifestação do que Landau classificou como constitucionalismo abusivo[5] e daquilo que Scheppele categoriza de golpes constitucionais. [6]

Contudo, cabe uma pergunta: por que os detratores antidemocráticos vêm ganhando espaço no mundo?

Do ponto de vista histórico, o período posterior à Segunda Guerra Mundial carregava um cenário de progresso democrático no mundo, no que Huntington classificou como a segunda onda de expansão – de 1943 a 1962, com países como Canadá, Austrália e Argentina – e como a terceira onda de expansão democrática – iniciada em 1975, com Portugal, Grécia e o então *Terceiro Mundo.*[7] Para o autor, a primeira onda teria ocorrido nos próprios berços da democracia contemporânea: Inglaterra, França e Estados Unidos, ainda antes da Primeira Guerra Mundial.

Yascha Mounk retrata que o futuro parecia pertencer à democracia liberal, a pretensa forma definitiva de governo humano.[8] Tratava-se da otimista visão que permeava o seio social a partir do final da Guerra Fria. Contudo, o ideal democrático começou a demonstrar cansaço.

---

[5] LANDAU, David. Abusive Constitutionalism. 47 UC Davis Law Review 189 (2013); FSU College of Law, Public Law Research Paper n. 646. April 3, 2013.

[6] SCHEPPELE, Kim Lane. Constitutional Coups and Judicial Review: How Transnational Institutions Can Strengthen Peak Courts at Times of Crisis (with Special Reference to Hungary). In: *Journal of Transnational Law and Contemporary Problems,* University of Iowa College of Law. 2014, p. 51.

[7] HUNTINGTON, Samuel P. Democracy's Third Wave. *The Journal of Democracy.* 1991.

[8] MOUNK, Yascha. *O povo contra a democracia*: por que nossa liberdade corre perigo e como salvá-la. Tradução de Cássio de Arantes Leite e Débora Landsberg. São Paulo: Companhia das Letras, 2019.

Jairo Nicolau atribui a circunstância de tal percepção ao insucesso da Primavera Árabe, a partir de 2010.[9] Simplificando em demasia uma discussão complexa, a insatisfação com o regime democrático deriva, sobretudo, de uma percepção de que o atual modelo político-econômico – devido à não distribuição minimamente equitativa dos eventuais frutos de crescimento econômico e em razão de questões identitárias de índole contramajoritária – não beneficia a todos, mas tão somente a alguns privilegiados. E esse sentimento se espalha mesmo entre os países ricos, não se restringindo apenas ao Terceiro Mundo do Sul Global.

Para Mounk, tal circunstância de insatisfação é potencializada pelas mudanças nos meios de comunicação, com a passagem do regime de centralização e filtragem democrática da informação para a pulverização, com viés extremista, da metainformação.

Havendo uma maioria, cada vez mais crescente, de insatisfeitos com o statu quo – o dito *establishment*–, é uma tarefa relativamente simples para que aqueles que se declaram antissistema – embora possam ter eles sempre pertencido ao dito *sistema* – capturarem o imaginário popular, de insatisfação, alcançando louros políticos com isso.

No contexto do dito *descontentamento das massas* – com compressão de renda, aumento da desigualdade social, aumento dos níveis de desemprego, sensação de decaimento das condições de vida e percepção de um futuro cada vez mais incerto, inclusive com o avanço de tecnologias disruptivas –, não é difícil apreender o ponto comum de insatisfação generalizada.

---

[9] NICOLAU, Jairo. Prefácio. In: ZELINKSKY, Steven; ZIBLATT, Daniel. *Como morrem as democracias*. Tradução de Renato Aguiar. Rio de Janeiro: Editora Zahar, 2019.

Hoje, a maior parte desse discurso, em nível mundial, vem sendo capturada pelo que se convencionou chamar de *extrema direita* (mas não somente por ela, e sim por qualquer extremista de plantão), que prega, com um discurso simplório – e, por isso, de alta aderência social, considerando o próprio contexto informacional digital hodierno –, o suposto restabelecimento de um equilíbrio perdido.

Tudo isso perpassa pela tentativa de desqualificar a boa liberdade de imprensa, defendendo discursos claramente difamatórios e antidemocráticos, e criminalizando a pretensão do bom exercício jornalístico. Por meio do controle de ideias e da restrição ao dissenso, os governantes autoritários buscam dominar o espectro de pensamentos e promover a crença de que suas administrações são imunes a críticas. Eles promovem a uniformidade sob a aparência de normalidade.

Afinal, a censura é um dos pilares para qualquer líder antidemocrático, bem como uma máquina própria de *propaganda* – hoje chamada de *fake news*, que são em muito facilitadas pelas novas tecnologias de comunicação digital, no que Giuliano da Empoli classifica como uma verdadeira *obra de engenharia*.[10]

Em resposta a isso, a Constituição de 1988, que marcou a ruptura com o regime autoritário, garante a todos o direito essencial à liberdade de expressão, no que diz respeito tanto à manifestação pública de opiniões quanto à capacidade de receber informações e ideias de terceiros.

Com efeito, a liberdade de expressão é essencial para a democracia, ocupando uma *preferred position* na proteção jusconstitucional, uma vez que permite o livre desenvolvimento

---

[10] DA EMPOLI, Giuliano. *Os engenheiros do caos*. Tradução de Arnaldo Bloch, 1ª ed. São Paulo: Vestígio, 2019.

da personalidade, a busca coletiva pela verdade histórica, a concretização, do ponto de vista instrumental, dos demais direitos fundamentais e a preservação da cultura de uma sociedade. No âmbito da ADI 4.815/DF ("ADI das biografias não autorizadas"), a ministra Cármen Lúcia bem pontuou que democracia combina com "*sensura*", escrita com a letra "S".

Conquanto goze de uma posição preferencial apriorística, é certo que a liberdade de expressão, no contexto democrático, não contempla qualquer modalidade de expressão, em absoluto. O discurso de ódio e o próprio discurso antidemocrático não são protegidos. Se assim fosse, estar-se-ia diante de uma falha do próprio sistema democrático, que não conseguiria se defender dos seus críticos mais ácidos.

Karl Popper já enunciava a necessidade de superar o paradoxo da tolerância, segundo o qual o tolerante com o intolerante logo desapareceria pelo discurso intolerante. Afinal, o discurso intolerante, seja de ódio ou antidemocrático, de nada serve senão para aniquilar o verdadeiro discurso democrático.

Tais reflexões, contudo, vêm sofrendo inúmeras inflexões diante da atual conjuntura social, de uso massivo de redes sociais.

O particular contexto da democracia na era digital

Recente estudo do MIT (Massachusetts Institute of Technology) revelou que, por diversos fatores – eminentemente naturais do próprio funcionamento da racionalidade sentimental humana –, notícias falsas têm, em média, um alcance mais de cem vezes maior do que o de notícias verídicas.[11] Trata-se de uma das externalidades negativas da quase irrestrita liberdade de expressão no ambiente digital, de acirradíssima competição pela atenção do usuário, o que costuma ser alcançado com armadilhas de sensacionalismo, os *clickbaits*.

Assim, as notícias falsas representam, possivelmente e sem doses de indevido alarmismo, o maior risco atual para as democracias modernas, junto com o próprio contexto de insatisfação com o statu quo, que mantém profundas e injustificáveis desigualdades socioeconômicas. Há redução na capacidade de discernimento e dissenso, interferência nas eleições e arrefecimento dos reais e profundos debates, que agora são substituídos por discussões rasas e com uma profusão de termos difamatórios.

De acordo com Shao,[12] o funcionamento das redes sociais cria uma verdadeira assimetria informacional – embora travestida de uma aparente acessibilidade mais ampla à informação –, com *eco chambers*, em que as pessoas são expostas seletivamente a determinadas fontes de mídia, levando a uma distorção das percepções sobre o mundo. A estrutura das redes, baseada nessas câmaras de eco, tende a valorizar o engajamento, com o próprio viés da confirmação a partir de preconceitos aferidos com base nos *cookies* coletados do usuário. Coloca-se o usuário, portanto, dentro de uma bolha de confirmação de seu viés, a partir da qual ele pode, de fato, se identificar como o *conhecedor da verdade*, meramente confirmativo de suas concepções anteriores.

---

[11] VOSOUGHI, Soroush, et al. The spread of true and false news online. *Science*, 2018.

[12] SHAO, Chengcheng et al. The spread of fake news by social bots, 2017.

Os algoritmos não se importam exatamente com a correção da informação, mas com a monetização do uso da plataforma, que normalmente é maior quando se expõe o usuário *àquilo que ele quer ver*, dado o que mostrou ter visto no passado. Essa monetização, além de poder ser *natural* – haja vista o próprio funcionamento da mente humana –, pode se dar por impulsionamento, artificialmente pago, ou pela utilização de robôs, contas falsas, perfis patrocinados, entre outros.

Com os dados sendo compartilhados com alguns simples *touchs* no celular, há maior dificuldade de governança na propagação de desinformações. A única solução possível para isso é apostar numa melhor regulação das plataformas digitais, com transparência e controle dos algoritmos, na medida em que apostar no controle *no varejo* é irracional, sobretudo quando se constata que o Brasil é um dos países com mais usuários de redes sociais, a maioria dos quais é intrinsecamente despreocupada com o tratamento de seus dados pessoais no mundo digital, ou sequer sabe que seus dados são coletados quando do uso de ferramentas digitais.

Contudo, muito embora as plataformas se situem numa superestrutura complexa, é certo que alguns usuários, normalmente profissionais (cientistas de dados, estrategistas de campanhas etc.), aprenderam a utilizar seus fluxos de funcionamento, deles tirando um bom proveito do funcionamento dos *clusters* baseados no *microtargeting*. Isso porque as redes não são verdadeiras praças públicas digitais, mas ambientes propensos à amplificação de vulnerabilidades.

Tal apreensão do funcionamento da dinâmica das redes sociais, especialmente com o incentivo às *fake news* – que, por questões cognitivas, tendem a despertar mais interesse nos usuários –, acaba gerando um risco à igualdade político-eleitoral, um dos primados da democracia moderna. Isso se deve ao fato de que se desvirtua o processo de tomada de decisão do cidadão-eleitor, que se vê mais suscetível a se comportar de acordo com a suposta informação, veiculada de modo fraudulento.

E, aqui, não se está preocupado com o conteúdo abertamente fraudulento, que seria, em tese, apreensível mais facilmente pelos usuários, mas com aqueles mais sutis, numa perspectiva de construção de convenientes *narrativas*, também *tijolo a tijolo*. Isso porque é necessário que se promova no usuário a sensação de estar construindo suas ideias e agindo por conta própria, e não de modo enviesado, seguindo somente a lógica do próprio algoritmo.

É justamente o funcionamento do algoritmo que representa a grande novidade dos dias atuais, sobretudo em relação à já tradicional e bem descrita tentativa de manipulação da opinião pública, funcionamento esse baseado em dados psicológicos de extroversão, amabilidade, consciência, confiabilidade, estabilidade emocional e cultura.[13]

Com tais dados, suspende-se a pluralidade de ideias, apostando-se nas câmaras de reverberação, com seus conteúdos intrinsecamente apelativos. Trata-se das *verdades alternativas*, representadas pela mais íntima e desejosa realidade paralela, que normalmente representa um *mundo melhor* ao próprio usuário. E, com a profusão da circulação de informações, verdadeiras ou não, hoje há realidades alternativas para todos os gostos, aptas a permitirem a sensação de validação externa em cada um, inobstante se trate de clara lacuna cognoscitiva.

---

[13] MIELLI, Renata; ORMAY, Larissa; BONONE, Luana Meneguelli. A democracia liberal pode sobreviver à corrosão do debate público criado pelo monopólio das Big Techs? *Revista Desigualdade & Diversidade*, n. 21, 2021, p. 59-73.

Esse contexto leva à potencialização da lógica schmittiana e maniqueísta do *inimigo comum*. Eu, usuário, me relaciono, dentro da minha câmara de reverberação, tão somente com aqueles que são meus semelhantes, meus *amigos*. Eles, os outros, são os *inimigos*, a serem derrubados, ou mesmo aniquilados, numa reprodução atual daquilo que Hannah Arendt denominou, no contexto de meados do século XX, de *banalidade do mal*, com o empreendimento dos discursos de ódio.

As redes possibilitam essa agregação entre grupos antes fragmentados, que não tinham a oportunidade de se aglomerar. Isso acaba gerando maior polarização política, o que é notável em quase todas as democracias modernas. Chega-se a dizer que essas forças extraconstitucionais levam a uma espécie de apodrecimento constitucional.[14]

Não se pode, sob o argumento de autorregulação em razão da aridez técnica do tema – tachado, por vezes, de uma verdadeira *caixa-preta* –, deixar de enfrentar o problema, que é uma das maiores questões da nova geração.

Assim, o fato de termos uma recente Lei Geral de Proteção de Dados Pessoais, combinado com a recentíssima inclusão do "direito à proteção dos dados pessoais, inclusive nos meios digitais" no rol dos direitos fundamentais do art. 5º da Constituição de 1988, não parece suficiente para a verdadeira proteção da democracia no ambiente digital.

Com efeito, um dos corolários da proteção dos dados pessoais é justamente o respeito à autodeterminação informativa, que é um dos pilares para a democracia

---

[14] BALKIN, Jack M. "Constitutional Crisis and Constitutional Rot". In: GRAEBER, Mark; LEVINSON, Sanford; TUSHNET, Mark. (ed.). *Constitutional Democracy in Crisis?* Oxford: Oxford University Press, 2012, p. 13-28.

constitucional moderna. Se não se caminhar nesse sentido, no ambiente das redes sociais, é possível que estejamos, em largos passos, no sentido do fim do regime democrático no Brasil, e também no mundo de modo geral.

É necessário, assim, que se promova, com a adequada celeridade para a boa solução técnica, dentro das limitações juspolíticas intrínsecas ao tema, o debate acerca da regulação mais estreita do funcionamento das redes sociais e do seu papel diante do crescimento da difusão de notícias falsas e da necessidade de maior transparência algorítmica. Trata-se do debate internacional mais relevante de nossa geração, sobretudo diante do contexto de iminente aplicação massiva da internet das coisas e de mecanismos de inteligência artificial. É premente que os poderes constituídos do Brasil se debrucem sobre o tema.

Considerações finais

Neste momento histórico de reflexão sobre os sessenta anos da deposição do presidente Jango e a subsequente era militar no Brasil, é essencial avaliar a evolução da democracia no país sob a perspectiva contemporânea.

A Constituição de 1988 marcou um avanço significativo ao restabelecer princípios como a separação de poderes, o respeito às liberdades cívicas e a proteção de grupos anteriormente marginalizados, inclusive politicamente. Contudo, desafios recentes, incluindo a interpretação do art. 142 da Constituição e a suposta existência de um "Poder Moderador" pelas Forças Armadas, destacam a necessidade contínua de proteger e fortalecer esses princípios democráticos.

A era digital também trouxe novos desafios à democracia brasileira, como a disseminação de *fake news* e a manipulação da opinião pública por meio de algoritmos em redes sociais. Essas ferramentas digitais, ao criarem câmaras de eco e reforçarem a polarização política e o hiperindividualismo, ameaçam o real pluralismo de ideais e a igualdade político-eleitoral, pilares da democracia moderna. Nesse ponto, a proteção dos dados pessoais, conforme estabelecido pela Emenda Constitucional de n. 115 de 2022, emerge como um aspecto crucial na defesa da autodeterminação informativa e, por corolário, da integridade democrática.

As lições do passado, especialmente o golpe de 1964 e as práticas autoritárias subsequentes, devem servir de alerta para os perigos de uma democracia fragilizada.

A experiência brasileira mostra que mesmo mecanismos formais de manifestação democrática, como eleições periódicas para alternância de poder e separação de poderes, podem ser subvertidos se as instituições democráticas não forem robustas e se os cidadãos não estiverem vigilantes, sobretudo diante de um cenário de desuso de golpes clássicos, com a força das armas, mas de aumento dos golpes modernos, híbridos, lastreados numa intrínseca corrosão democrática.

Diante desse contexto, torna-se imperativo fortalecer as instituições democráticas e promover uma cultura de respeito aos direitos fundamentais e ao estado democrático de direito. O papel da imprensa livre, do Judiciário independente e do engajamento cívico é essencial para manter a democracia viva e resistente a tentativas autoritárias de subversão.

Por fim, ao homenagear a memória de Orlando Brito e refletir sobre os desafios enfrentados pela democracia brasileira, é crucial reafirmar o compromisso com a liberdade, a justiça e a igualdade. O legado da resistência à ditadura e a luta pela democracia devem inspirar as atuais e futuras gerações a defender incansavelmente os valores democráticos e a soberania do voto, garantindo que o Brasil continue a trilhar o caminho da liberdade e da justiça para todos.

Orlando Brito, ao fazer o testemunho visual do período ditatorial brasileiro por meio do seu habilidoso manuseio das lentes, é de suma importância para que as novas gerações tenham, à mão, o cenário do horror do passado, para evitar que ele torne a se repetir no futuro, sobretudo ante as dificuldades intrínsecas ao século XXI, como o contexto de descontentamento global e a massificação das redes sociais.

Um olhar no retrovisor e a vigilância constante para o presente e o futuro são a fórmula para a manutenção da higidez democrática.

Referências

BALKIN, Jack M. "Constitutional Crisis and Constitutional Rot. In: GRAEBER, Mark; LEVINSON, Sanford; TUSHNET, Mark (ed). *Constitutional Democracy in Crisis?* Oxford: Oxford University Press, 2012, p. 13-28.

BRASIL. Câmara dos Deputados. Parecer. Disponível em: https://www.camara.leg.br/midias/file/2020/06/parecer.pdf. Acesso: em 25 jan. 2024.

BRASIL. Senado Federal. Nota Informativa da Consultoria Legislativa n. 2.866, de 2020. Disponível em: https://www.conjur.com.br/dl/nota-tecnica-senado.pdf. Acesso em: 25 jan 2024.

DA EMPOLI, Giuliano. *Os engenheiros do caos*. Tradução de Arnaldo Bloch. 1ª ed. São Paulo: Vestígio, 2019.

HUNTINGTON, Samuel P. Democracy's Third Wave. *The Journal of Democracy*. 1991.

LANDAU, David. Abusive Constitutionalism. 47 UC Davis Law Review 189 (2013); FSU College of Law, Public Law Research Paper n. 646. April 3, 2013.

MIELLI, Renata; ORMAY, Larissa; BONONE, Luana Meneguelli. A democracia liberal pode sobreviver à corrosão do debate público criado pelo monopólio das Big Techs? *Revista Desigualdade & Diversidade*, n. 21, 2021, p. 59-73.

MOUNK, Yascha. *O povo contra a democracia*: por que nossa liberdade corre perigo e como salvá-la. Tradução de Cássio de Arantes Leite e Débora Landsberg. São Paulo: Companhia das Letras, 2019.

NICOLAU, Jairo. Prefácio. In: ZELINKSKY, Steven; ZIBLATT, Daniel. *Como morrem as democracias*. Tradução de Renato Aguiar. Rio de Janeiro: Editora Zahar, 2019.

PODER 360. PT debate alterar artigo 142 e limitar poder das Forças Armadas. Disponível em: https://www.poder360.com.br/governo/pt-debate-alterar-artigo-142-e-limitar-poder-das-forcas-armadas/. Acesso em: 25 jan. 2024.

SCHEPPELE, Kim Lane. Constitutional Coups and Judicial Review: How Transnational Institutions Can Strengthen Peak Courts at Times of Crisis (with Special Reference to Hungary). In: *Journal of Transnational Law and Contemporary Problems*, University of Iowa College of Law. 2014, p. 51.

SHAO, Chengcheng et al. The spread of fake news by social bots. v. 96, 2017, p. 104.

SILVA, José Afonso da. *Curso de Direito Constitucional Positivo*. 36ª ed. São Paulo: Malheiros Editores, 2012, p. 106.

VOSOUGHI, Soroush et al. The spread of true and false news online. *Science* 2018; vol. 359, n. 6380, p. 1146-1151.

Repúdio à visita do presidente Geisel a Londres, 1976.

3
A construção da democracia e a utopia

Cid Benjamin

É quase um lugar-comum a afirmação de que quem não conhece a história está condenado a repetir os erros cometidos. Mas — parecendo ou não lugar-comum — certas frases precisam ser repetidas para não serem esquecidas.

Já dizia Nelson Rodrigues que, por ser reacionário, não deixava de ter momentos de genialidade. Ele chamou a atenção para o fato de que, muitas vezes, algo evidente tem que ser dito à exaustão. "Só os profetas enxergam o óbvio", lembrava ele, com bom humor. Fazia isso para reafirmar a importância de se repetir algo que, aparentemente, está à vista de todos, mas que nem sempre é levado em conta.

Por isso, é preciso não esquecer que quem não reflete sobre suas experiências está a um passo de repetir os erros.

Para confirmar isso basta ver o Brasil de hoje: idiotices em defesa da ditadura e, até mesmo, de aberrações como a tortura de seres humanos ainda encontram audiência em algumas plateias embrutecidas.

A compreensão de que é preciso conhecer nossa história e refletir sobre ela esteve presente quando o canal MyNews resolveu publicar a série "Tempos de chumbo". Ela apresentou conversas com onze pessoas, das mais diversas áreas, que, de uma forma ou de outra, resistiram ao obscurantismo do regime militar.

São figuras com as mais variadas experiências, mas que sempre estiveram na resistência ao regime militar.

Ocorre que a construção da democracia é um esforço muitas vezes complexo. De certa forma, se assemelha à busca de uma utopia.

Eduardo Galeano — escritor uruguaio cuja obra e cujas reflexões sempre podem nos ensinar — contou: "Certa vez, numa palestra na universidade, um aluno perguntou: 'Afinal, para que serve essa coisa de utopia?' Me vi em palpos de aranha, mas outro professor, que também estava na mesa, respondeu por mim: 'A utopia serve para mostrar o caminho. Você anda cem metros e ela se afasta cem metros. E assim te mostra a direção da caminhada e o caminho a ser percorrido'".

Penso que a luta pela democracia e seu aperfeiçoamento são mais ou menos assim. Devem ser um objetivo permanente. Mas, a cada instante, novos desafios vão se apresentar e precisarão ser enfrentados. Sempre há o que fazer.

Tenho orgulho de ter participado de uma geração que, a partir da década de 1960, se jogou por inteiro na busca de um mundo e de um país melhores: mais generosos, mais humanos e mais justos socialmente. Diferentemente de outros amigos e companheiros que foram assassinados, tive sorte. Conheci a prisão, a tortura e o exílio, mas sobrevivi para contar a história. E não me arrependo da opção que fiz.

Não seria quem sou hoje se na vida tivesse optado por outro caminho. Seria alguém diferente, e — acho — pior do que a pessoa que sou e que a vida me moldou.

Claro que não repetiria determinadas decisões que tomei, e que foram incorretas. Mas isso, de certa forma, ocorre com qualquer um. E, no meu caso, foram decisões dentro de um rumo geral, de uma opção de vida mais abrangente da qual não me arrependo.

Sou hoje o que a vida que resolvi levar fez de mim.

A participação neste projeto sobre os Anos de Chumbo — enriquecido pelas maravilhosas fotos de Orlando Brito que este livro apresenta — foi algo que fiz com o maior prazer e com a compreensão de que ele é parte do esforço na direção daquela utopia para construir e aperfeiçoar a democracia no Brasil.

Vamos em frente nesta caminhada.

Protestos e coro de "abaixo a ditadura".

4
Lembrança dos tempos de chumbo

Denize Fontella Goulart

A minha primeira lembrança do golpe é sempre triste: foi no dia 1º de março de 1964, quando minha mãe, meu irmão e eu tivemos que sair às pressas de nossa casa, a caminho do desconhecido e longe do meu pai. Quando percebi que havia deixado para trás meus amigos, meus cachorros, meus brinquedos e principalmente meu lar, a sensação foi de profunda dor e de perda.

Meu pai, que era o amor e a proteção, não estava naqueles momentos, e também não sabíamos quando iriamos nos encontrar.

Muitas vezes parecia que estava num filme, que essa não era a nossa realidade e que tudo voltaria a ser como antes.

O exílio transformou profunda e definitivamente nossas vidas, nossas memórias e nosso futuro, que se apresentava sempre como totalmente incerto.

Comissão de Justiça da Câmara dos Deputados

Com o tempo fui aprendendo a conviver com esses sentimentos dentro de mim, tentando sobreviver à perda do meu pai e escolhendo um caminho de força que me desse coragem para seguir em frente, descobrindo a alegria e a gratidão por ter tido o melhor pai do mundo.

Precisamos manter viva a história de nossos heróis que lutaram e viveram os horrores e a violência da ditadura e que como meu pai, mesmo nos momentos mais difíceis, revelava esperança.

Para que não se esqueça, para que nunca mais aconteça.

Em frente ao Congresso, populares fazem manifestação contra o governo.

5
Depoimento de Eduardo Matarazzo Suplicy em memória do fotógrafo Orlando Brito

Eduardo Suplicy

Em 31 de março de 1964, eu estava com 22 anos e cursava o quarto e último ano do bacharelado em Administração de Empresas, na Escola de Administração de Empresas de São Paulo, da FGV (Fundação Getúlio Vargas). Durante o terceiro ano, fui diretor cultural do Centro Acadêmico. Organizava uma série de palestras para os estudantes em debates com professores, pensadores e cientistas sociais como Fernando Henrique Cardoso, Chico de Oliveira, Paul Singer, Lúcio Kowarick. Também organizava sessões de peças de teatro no Oficina, no Arena, no Teatro Brasileiro de Comédia, no Maria Dela Costa e outros de forma que os estudantes pagassem apenas 50% do ingresso. Após as peças promovíamos discussões com os diretores, artistas e professores. Essas atividades foram bastante importantes para a minha formação.

No primeiro semestre de 1964 começou a se mobilizar um forte movimento para se tirar o presidente João Goulart, o qual sucedera Jânio Quadros na Presidência da República, após a sua renúncia em agosto de 1961. Havia temor de setores conservadores de iniciativas progressistas planejadas pelo governo Goulart, como a realização mais efetiva da Reforma Agrária, e de proposições que guardavam semelhança com o socialismo. O temor do comunismo levou à organização das Marchas da Família com Deus pela Liberdade. Alguns da minha própria família participaram dessas marchas.

Na segunda semana de março se iniciou um forte movimento de oposição a João Goulart e a ameaça aberta de golpe de Estado, especialmente após o comício organizado em 13 de março, na Central do Brasil, no Rio de Janeiro, em que João Goulart e Leonel Brizola defenderam as Reformas de Base.

Foi então que organizei pelo Centro Acadêmico uma grande assembleia dos estudantes, com a participação de professores como Ignácio da Silva Telles e Antônio Angarita Silva, para discutir os destinos do Brasil. Após intenso debate, a maioria significativa dos estudantes votou a favor do respeito à democracia e às normas constitucionais e contra a tentativa do golpe. Infelizmente, porém, de 31 de março para 1º de abril de 1964 deu-se o golpe militar.

Em 6 de abril de 1964, o então ministro da Educação do governo Castello Branco, Flávio Suplicy de Lacerda, baixou a Lei 4.464, que proibia as atividades políticas da UNE (União Nacional dos Estudantes) e da UEE (União Estadual dos Estudantes). Foi então que Sérgio Mota, então estudante da Faculdade de Engenharia Industrial, indicou-me para ser eleito vice-presidente da União Estadual dos Estudantes de São Paulo, junto ao presidente César Bergstrom Lourenço, da Faculdade de Arquitetura e Urbanismo da USP, mesmo a entidade estando ilegal. Organizamos diversas atividades de oposição à ditadura.

Uma vez formado, tendo me casado com a Marta Suplicy em dezembro de 1964, passei a trabalhar no Escritório Suplicy, uma corretora de café, algodão e outros produtos, de meu pai, Paulo Cochrane Suplicy, onde procurei desenvolver um setor de exportação de produtos manufaturados. Cheguei a viajar aos EUA para tentar vender alguns produtos como alpargatas, algodão, fibras, cartonagens e outros.

Nos Estados Unidos

Em fevereiro de 1966, se anunciou um concurso na Eaesp-FGV para professor de economia. Transmiti a meu pai a minha vontade de participar, pois se passasse teria o direito de fazer o mestrado nos EUA. Ouvi de meu pai: “Veja bem o que você quer, porque ser professor possivelmente não vai lhe dar o padrão de vida a que você está acostumado. Mas se for o que vai deixar você mais feliz, vou apoiá-lo”. E assim passei no concurso e já em agosto de 1964 viajei para a Universidade Estadual de Michigan para fazer o mestrado em Economia, o que muito me ajudaria no estudo das políticas econômicas que viessem a elevar o grau de justiça.

Ao concluir o mestrado, resolvi voltar ao Brasil e assumir as atividades como professor de carreira em tempo integral na Eaesp-FGV. Dei aulas de introdução à economia, macroeconomia, microeconomia, economia internacional e economia brasileira. Os tempos no Brasil haviam mudado. Cheguei a receber uma intimação para depor no Dops (Departamento de Ordem Política e Social). O movimento estudantil estava proibido pela ditadura. O grito à liberdade que eu havia presenciado nos Estados Unidos estava silenciado no Brasil pela repressão militar e pelo desaparecimento de pessoas. Havia medo entre as pessoas.

Ainda em 1970 recebi uma *scholarship* da Universidade Stanford para que eu retornasse aos Estados Unidos e frequentasse por um ano a universidade fazendo os cursos que desejasse. Dentre outros, assisti a um curso sobre economia política oferecido pelo excelente professor John Gurley, crítico do capitalismo, que nos falou de economias socialistas, especialmente da China. Ao terminar o ano, o Food Research Institute da Universidade de Stanford me convidou para dar um curso sobre a economia brasileira, por um trimestre, o que aceitei com entusiasmo. Daí voltei para a Universidade de Michigan, onde completei os exames preliminares exigidos para o PhD, e completei a minha tese sobre "Os efeitos das minidesvalorizações da taxa de câmbio sobre a economia brasileira". Naquele período em que se desenvolveu a Guerra do Vietnã (1955-75), acompanhei de perto as manifestações populares e estudantis de protesto contra a barbárie.

De volta ao Brasil

Em agosto de 1974, voltei a São Paulo e retomei as minhas aulas na Eaesp-FGV. Passei a acompanhar com tristeza e preocupação os atos perpetrados pelo regime militar, como os que significavam a proibição de alguns professores progressistas, como o professor Maurício Tragtemberg, que foi afastado da USP e convidado para dar aulas na Eaesp-FGV, de lecionarem, de atos de censura à imprensa, o impedimento das eleições democráticas nos três níveis de governo e outras. Mais graves ainda eram as perseguições, prisões e torturas às diversas pessoas que criticavam o regime e lutavam pela democracia. Assim, quando chamado a participar dos atos em defesa da democracia, eu estava lá. Registros do Serviço Nacional de Informações (SNI) e do Deops logo caracterizaram minhas atividades como subversivas, mas nunca tive medo.

Morre Herzog

No meu retorno, como professor de Economia da FGV, passei a ser convidado para contribuir com artigos para a imprensa sobre a política econômica, o que se passava no Brasil e no mundo. Em 1974, chamado por Jorge Cunha Lima e Samuel Wainer, escrevi inúmeros artigos para o jornal *Última Hora*. Em 1975, o editor da revista *Visão*, Rolf Kuntz, me convidou para ser editor de economia da revista. Quando cheguei, o editor de Cultura era o Vladimir Herzog, o Vlado, que, pouco depois passou a trabalhar como diretor de jornalismo na TV Cultura.

Em 24 de outubro, Vlado foi detido pelo Exército sob a acusação de que pertencia ao Partido Comunista, então proibido. Rodolfo Konder, que o sucedera como editor de Cultura na *Visão*, também foi detido. Ambos foram torturados no DOI-Codi (Departamento de Operações de Informação – Centro de Operações de Defesa Interna), no quartel-general do Exército, em São Paulo. Numa reunião de pauta da revista, o editor Roberto Muylaert sugeriu que fosse feita uma entrevista com Dom Paulo Evaristo Arns a respeito daquelas perseguições e arbitrariedades. Concordei plenamente, e ele mostrou para nós editores a boa entrevista realizada. Na reunião seguinte ele informou que a entrevista estava proibida.

Eis que então eu fui viajar para a América Central e para os EUA para algumas conferências. No caminho para o aeroporto de Viracopos, o motorista de Henry Maksoud, dono da *Visão*, parou meu carro para me avisar que eu poderia ser preso no aeroporto porque estava levando uma entrevista proibida no Brasil, para ser publicada no *The New York Times* ou no *Washington Post* (o que não era verdade, eu não estava com a entrevista). Ao chegarmos no embarque, policiais levaram a mim e a Marta para uma sala reservada, onde nos revistaram, viram que não havia a entrevista e nos deixaram embarcar.

Eu participei da missa ecumênica que foi rezada por Dom Paulo Evaristo Arns, pelo rabino Henry Sobel e por pastores protestantes na catedral de São Paulo lotada, em memória de Vlado Herzog. Esse ato foi como que o ponto de partida para os mais diversos atos em defesa da democracia e que prenunciaram a campanha pelas Diretas Já, da qual participei ativamente.

De 1976 a 1980, fui convidado por Cláudio Abramo para contribuir com artigos sobre Economia na *Folha de S.Paulo*. Passei a escrever três a quatro artigos por semana, onde Joelmir Beting escrevia diariamente. Costumava relatar sobre como a economia brasileira estava crescendo, mas com forte concentração da renda e da riqueza. Que seria importante que os ministros da área econômica conversassem não apenas com os empresários, mas com os trabalhadores que seriam afetados por suas decisões.

Certo dia, quando, com diversos amigos, estávamos comemorando numa pizzaria a eleição do vereador Flávio

Flores da Cunha Bierrenbach, alguns amigos me disseram: "Nós estávamos conversando sobre quem deveria ser candidato nas próximas eleições em 1978. Como os seus artigos na *Folha* estão sendo muito lidos, sobretudo pelos jovens, achamos que você deve ser candidato". Então fui conversar com Ulysses Guimarães, André Franco Montoro, Plínio de Arruda Sampaio e Chopin Tavares de Lima sobre o que é ser representante do povo. Me interessei, me inscrevi no MDB – só havia dois partidos, Arena (Aliança Renovadora Nacional, de situação) e MDB (Movimento Democrático Brasileiro), de oposição –, e fui eleito deputado estadual em 1978, com 78 mil votos, o quarto colocado.

Joan Baez

Eu era deputado estadual quando certo dia os organizadores da vinda de Joan Baez a São Paulo me procuraram dizendo que ela gostaria muito de conhecer o então presidente do Sindicato dos Metalúrgicos de São Bernardo e Diadema, Luiz Inácio da Silva. Me dispus a fazê-lo. Gostava muito de suas canções. Eu a havia assistido cantar no Estádio de San José na Califórnia. Primeiro, de manhã, a levei ao Largo São Francisco, onde ela cantou à capela duas canções para os estudantes. Daí almoçamos com Lula no sindicato, num encontro prolongado. De noite a levei para o Tuca, o Teatro da PUC (Pontifícia Universidade Católica), onde ela iria se apresentar.

O auditório estava lotado. Ao chegarmos, o meu treinador de boxe e amigo Lúcio Inácio da Cruz, que então trabalhava na Polícia Federal, me disse: "Eduardo, infelizmente ela não vai poder cantar, porque as canções não foram apresentadas previamente à censura". Eu então entrei no teatro, nos sentamos lá na frente e eu expliquei que o show estava proibido. Eis que então, sentada na plateia, com sua voz linda que ressoou pelo Tuca, sem acompanhamento instrumental, Joan Baez cantou "Para não dizer que não falei das flores", de Geraldo Vandré, e "Blowin in the Wind", de Bob Dylan. O público aplaudiu bastante.

Isto é o que acontecia na ditadura militar. Proibição de festivais de música, proibição de peças de teatro como *Roda Viva*, de Chico Buarque, no Teatro Oficina, e tantas outras, fazendo com que Zé Celso Martinez Corrêa, nosso grande dramaturgo, criador do Teatro Oficina, falecido em 2023, tivesse que se exilar em Portugal por um bom tempo.

Relembrar sempre

Avalio como muito importante que registremos esses tristes episódios, especialmente para que não se repitam tentativas de golpe de Estado como aconteceram em 8 de janeiro de 2023. Eis por que foram muito importantes os trabalhos da Comissão da Verdade, para que tenhamos sempre em mente que não devemos permitir que movimentos os mais diversos venham a ameaçar a normalidade democrática. Estejamos sempre vigilantes e nunca mais permitamos quaisquer obstáculos à nossa democracia e à nossa Constituição. Trabalhos da relevância dos realizados pelo grande fotógrafo Orlando Brito nos ajudam a não nos esquecermos da história.

Conheci Orlando Brito sempre estando com ele em tantos acontecimentos, como, por exemplo, os comícios das Diretas Já no Pacaembu, na praça da Sé e no Anhangabaú, este com mais de 1 milhão de pessoas, ou em tantas manifestações que ocorreram na avenida Paulista. Também quando veio a São Paulo o papa João Paulo II, em 3 de maio de 1980, e foi recebido por mais de 1 milhão de pessoas desde o aeroporto de Congonhas até o Campo de Marte, onde rezou a missa em homenagem ao padre José de Anchieta, recém-tornado santo. Nesse dia, foi muito comovente quando o professor Dalmo de Abreu Dallari, que havia sido sequestrado na véspera, muito embora ferido por seus sequestradores, subiu as escadarias para chegar ao altar e lá fez uma das leituras daquela belíssima missa. Orlando Britto fotografou os principais episódios da presença de João Paulo II em São Paulo.

Diretas Já, no Vale do Anhangabaú, São Paulo (SP).

Representantes do MDB comemoram ampla maioria dos votos nas eleições para o Congresso Nacional.

Em Brasília, quando ocupei por quatro anos um mandato como deputado federal, e por 24 anos três mandatos como senador, por muito tempo convivemos no intenso trabalho no Congresso Nacional. Pelas fotos do grande fotógrafo Orlando Brito pudemos tomar conhecimento de acontecimentos graves, muitas vezes não ditos, mas

fotografados. No Congresso, estava sempre atento aos fatos, mas especialmente aos detalhes dos fatos. Considero que Orlando Brito foi um parceiro relevante de nós, todos aqueles que sempre defendemos a democracia, a justiça e a verdade. Pelos seus relevantes registros e lindas imagens, Orlando Brito ocupa lugar de destaque na história do Brasil.

Em 1965, manifestação de estudantes em protesto contra o Golpe Civil-Militar.

6
Percepções e vivências nos tempos de chumbo

Ela Wiecko

Resgatar memórias pessoais do golpe militar de 1964 e do período da Ditadura Civil-Militar que se prolongou por 22 anos foi um exercício de imersão reflexiva e de confrontos com o que fiz, com o que deixei de fazer e com o que preciso fazer como cidadã brasileira. Os Tempos de Chumbo duraram por um período equivalente ao de uma geração. Produziram um impacto que permitiu um refluxo em 2019, que por pouco não nos conduziu a uma nova ditadura.

Em março de 1964 eu era uma adolescente de quinze anos. Morava em Porto Alegre, na Cidade Baixa. Estudava numa escola privada para meninas, o colégio Sévigné, à época dirigido pela Congregação das Irmãs de São José de Chambéry. Entre minhas colegas, durante todo o período que estudei no Sévigné (mais de uma década) passando pelo primário, ginásio e colegial, uma parte morava em bairros da classe alta, com sobrenomes que revelavam o seu pertencimento às elites política e econômica do estado do Rio Grande do Sul, a maioria em bairros da classe média e uma minoria em bairros pobres. Esta, em geral de cor parda ou preta, pouco interagia na turma. Incomodada com essa situação, convidava essas colegas para os trabalhos em grupo, mas não questionava a discriminação. As diferenças de classe faziam então parte da ordem natural do mundo.

Era o meu primeiro ano do segundo grau, que corresponde ao que hoje chamamos de ensino médio. Havia três opções de curso: clássico, científico e normal. Escolhi o curso clássico, que formava estudantes para acesso ao ensino superior nas áreas de ciências humanas e sociais. Para as ciências exatas e biológicas a opção era o curso científico, e para a pedagogia, o curso normal.

Meus pais, naturais da Polônia, tinham um pequeno comércio de utilidades domésticas no centro da cidade e possuíam um perfil conservador. Meu pai migrou para o Brasil terminada a guerra, em 1945, porque não aceitava o regime comunista e a dependência da Polônia à Rússia. Filiou-se à UDN (União Democrática Nacional) e mantinha contatos frequentes com os correligionários, o que me permitia escutar as conversas em que se criticavam o PTB (Partido Trabalhista Brasileiro) e os governos do Brizola e do Jango. O grande mentor era Carlos Lacerda. No colégio também escutava muitas críticas ao comunismo e à perseguição que os governos comunistas faziam à Igreja católica.

Nesse contexto pessoal, resumidamente apontado, é compreensível que no dia 31 de março eu tenha anotado na agenda do ano: Viva a revolução! Minha visão do mundo estava orientada pelas crenças dos meus pais.

Ela começou a mudar especialmente a partir de 1966, no terceiro ano do curso colegial, com as aulas de uma professora de Geografia. Passei a questionar situações que antes me pareciam naturais e a entender as desigualdades da sociedade brasileira dentro de um processo mais amplo que ultrapassava nossas fronteiras. Concomitantemente, o grupo da Juventude Estudantil Católica (JEC) no Sévigné passou a participar de reuniões com grupos de outras escolas, em que discutíamos não apenas o fortalecimento da fé católica, mas também as injustiças sociais. Me inseri igualmente nas atividades do Grêmio Estudantil do Sévigné, inclusive disputando eleições.

Desta forma, ao ingressar na Faculdade de Direito da Universidade Federal do Rio Grande do Sul, no exame vestibular de 1967, a minha compreensão dos fatos que haviam ocorrido em 1964 era diferente, mas ainda não francamente contestatória.

O marechal Castello Branco, antes de terminar seu mandato, pavimentou o caminho para o aprofundamento da repressão. Promulgou a Constituição de 1967, a Lei de Imprensa, instituindo censura prévia nas redações dos jornais e nas emissoras de rádio e televisão; e expediu o Decreto-lei 314, definindo os crimes contra a segurança nacional. Em março de 1967 assumiu a presidência o marechal Arthur da Costa e Silva, eleito no ano anterior pelo Congresso Nacional. As eleições indiretas para a presidência estabelecidas pelo Ato Institucional n. 2 (1965) também passaram a valer para governadores e vice-governadores, com o Ato Institucional n. 3 (1966), que ainda estabeleceu a nomeação de prefeitos.

A censura de notícias, filmes, músicas e apresentações teatrais, o autoritarismo no modo de tomar decisões sem escuta das pessoas e das coletividades afetadas, a perseguição a quem ousava denunciar as "autoridades constituídas" estavam presentes no dia a dia. No meio estudantil universitário todos sabíamos de prisões, de torturas e mortes de pessoas, às vezes nossas conhecidas. Assim, em 1970, soube da morte de Ary Abreu Lima da Rosa, irmão de uma querida amiga e colega dos tempos do Sévigné, preso em 1969 por distribuir panfletos aos candidatos ao vestibular na frente da Faculdade de Farmácia da UFRGS. Os panfletos defendiam o Movimento pela Universidade Crítica (MUC), denunciando a falta de vagas, criticando o ensino universitário, o regime ditatorial-militar, pedindo a legalização da União Nacional dos Estudantes (UNE) e conclamando os estudantes a participar das eleições para o Diretório Central (DCE). Condenado por crime contra a segurança nacional a seis meses de reclusão, foi encontrado morto no Hospital da Base Aérea de Canoas. E, em 1972, soube do desaparecimento de Luiz Eurico Tejera Lisboa, que conhecera nos encontros da JEC. Seu assassinato pelas forças da repressão, na pensão em que residia em São Paulo, foi comprovado em 1980. Os dois fazem parte da lista de mortos políticos levantada pela Comissão Nacional da Verdade (2012-4).

Percebo hoje que sabíamos muito pouco da crueldade que os comandantes militares planejaram e implementaram contra a "subversão", que nada mais era do que o ideário expresso no artigo 3º da Constituição de 1988 como objetivos fundamentais da República Federativa do Brasil: "I – construir uma sociedade livre, justa e solidária; II – garantir o desenvolvimento nacional; III – erradicar a pobreza e a marginalização e reduzir as desigualdades sociais e regionais; IV – promover o bem de todos, sem preconceitos de origem, raça, sexo, cor, idade e quaisquer outras formas de discriminação".

A leitura dos depoimentos prestados pelas vítimas ou por familiares e testemunhas perante a Comissão Nacional da Verdade (CNV) e Comissões locais, e na Comissão de Anistia, revela uma perversidade insuportável e indigna de um ser humano. A tortura existiu como prática rotineira dos governantes militares e civis a eles alinhados. Inadmissível vê-la ainda aceita, justificada e premiada. Recentemente impressionou-me o depoimento de Pinheiro Salles à CNV. Ele ficou nove anos preso, tendo passado por sessões de tortura no Departamento de Ordem Política e Social do Rio Grande do Sul (Dops-RS), no Destacamento de Operações de Informações-Centro de Operações de Defesa Interna/ /Operação Bandeirantes em São Paulo (DOI-Codi Oban) e na Delegacia Especializada de Ordem Política e Social de São Paulo (Deops). Transcrevo um trecho do final de seu depoimento: "Não podemos nos calar quando em nossa frente se levanta qualquer espécie de injustiça. Se um de nós se cala, o espaço fica mais amplo para aqueles cujo objetivo é multiplicar seus benefícios e vantagens às custas do sacrifício dos outros" (Salles, 2014, p. 91).

Sabíamos, mas não os detalhes do prazer sádico em infligir sofrimento a alguém. Agora que sabemos não podemos nos calar. A geração atual e as vindouras precisam saber para repudiar movimentos cíclicos que batem palmas e pedem o retorno à repressão invocando cinicamente o direito à liberdade.

O corpo docente da Faculdade de Direito da UFRGS, majoritariamente com visões da direita, não se opôs ao golpe e aceitou passivamente a cassação do então deputado federal pelo Rio Grande do Sul Paulo Brossard. O diretor, de 1967 a 1971, era Rui Cirne Lima. Conseguiu evitar intervenções policiais na Faculdade de Direito, fechando a faculdade e suspendendo as aulas. Embora não tenha conseguido se eleger na eleição indireta para governador do estado, dispunha de prestígio político e apoio da Igreja católica.

Éramos monitorados por colegas, militares que estudavam em outras universidades públicas ou privadas e que, transferidos no interesse do serviço, tinham direito à matrícula obrigatória. Mas também havia colegas que ingressavam pelo vestibular e que se prestavam a dar informações sobre o que se dizia e se fazia na universidade. Desde a criação do Serviço Nacional de Informações (SNI), pela Lei n. 4.341, de 1964, foi montado um eficiente sistema de informação e contrainformação no Brasil e no exterior, no qual, além dos agentes remunerados, voluntários eram estimulados a vigiar pessoas em troca de favores.

Convivíamos com essa realidade tomando alguns cuidados e desenvolvendo estratégias para enganar os alcaguetes do regime. Uma dessas estratégias era a autocensura, isto é, não expor opiniões contrárias às dos governantes e mesmo de professores. No caso da Faculdade de Direito da UFRGS, alguns deles eram umbilicalmente vinculados aos militares.

Eunice Ferreira Nequete, de uma turma posterior à conclusão da minha graduação, recorda: “O medo tinha tomado conta e as pessoas não falavam, não davam suas opiniões. A gente aprendia o que não existia, as aulas eram praticamente peças de ficção. A gente entrava numa aula de Direito Constitucional e ouvia lições sobre direitos e garantias fundamentais, e ninguém nos dizia que estavam todos suspensos. Então era uma coisa muito estranha".

O ano de 1968 foi particularmente difícil no Brasil e no mundo. No dia 8 de março Edson Luís de Lima Souto, de dezesseis anos, morria com um tiro no peito, no restaurante Calabouço, no prédio da UNE no Rio de Janeiro, invadido por uma tropa da Polícia Militar, diante da notícia de um estudante que se preparava uma passeata visando a embaixada americana. Em abril, o ministro da Justiça Gama e Silva proíbe a Frente Ampla de oposição ao governo, da qual participava Carlos Lacerda, inicialmente um apoiador do golpe de 1964. No mesmo mês, um atentado a bomba destrói a entrada do jornal *Estado de S. Paulo*; em maio, uma bomba explode na Bolsa de Valores de São Paulo; em 26 de junho o movimento estudantil realiza, no centro da cidade do Rio de Janeiro, a Passeata dos 100 Mil. Em 5 de julho, a resposta autoritária do ministro da Justiça Alfredo Buzaid proibia as manifestações de rua em todo o país. Mesmo assim é deflagrada greve do Sindicato dos Metalúrgicos de Osasco e ocorre o Congresso da UNE em Ibiúna. Foram presos 1240 estudantes, oriundos de todo o país. Organizações da extrema direita praticaram atentado contra o teatro onde era apresentada a peça *Roda Viva* e espancaram artistas, ainda houve um atentado a bomba contra a sede da Associação Brasileira de Imprensa (ABI), o sequestro da atriz Norma Bengell, o ataque à residência do arcebispo emérito de Olinda e Recife Dom Hélder Câmara. Agentes da Polícia Federal, da Polícia Civil e da Polícia Militar invadiram o *campus* da Universidade de Brasília e prenderam o líder estudantil Honestino Guimarães. Nesse crescendo chegamos ao Ato

Institucional n. 5, de 13 de dezembro, que resultou na cassação de mandatos de parlamentares, intervenções nos municípios e estados e também na suspensão de quaisquer garantias constitucionais.

No início do ano seguinte, foram suspensas as eleições para governadores e prefeitos. Em 31 de agosto de 1969, uma junta composta dos ministros militares do Exército, Marinha e Aeronáutica assume o poder no lugar do presidente Costa e Silva, que estava doente. Mais adiante ordena a reabertura do Congresso Nacional, o que permite a eleição do general Emílio Garrastazu Médici, promulga a Emenda Constitucional n. 1 (conhecida como Constituição de 1969) e expede o decreto-lei n. 898 estabelecendo a nova Lei de Segurança Nacional, com previsão de pena de morte.

Em outubro, toma posse o general Médici. Percebíamos que a repressão e o controle da população aumentavam, assim como as ações armadas dos grupos de esquerda. Foi o ano em que o embaixador dos Estados Unidos foi sequestrado e solto, mediante a libertação de presos políticos, e que Carlos Marighella – um dos principais organizadores da luta armada contra a Ditadura Civil-Militar – foi executado.

Em 1970, mais sequestros de diplomatas, prisões de militantes, torturas e mortes. No entanto, a marchinha "Pra frente Brasil" e o ufanismo da conquista do tricampeonato mundial de futebol se sobrepuseram ao repúdio à ditadura. Nesse ano foi iniciada a construção da rodovia Transamazônica, que impulsionou a apropriação de territórios indígenas, quilombolas e outras comunidades tradicionais e sua expulsão, quando não a dizimação pura e simples desses povos. A construção da Transamazônica e a criação do Instituto Nacional de Colonização e Reforma Agrária (Incra) iriam impactar os rumos da minha vida profissional como servidora pública.

Já estava no final do curso de Direito em 1971. Durante os cinco anos do curso tomei conhecimento de vasta produção de decretos e decretos-leis, que reconfigurou a estrutura normativa do país para dar suporte a um modelo de desenvolvimento predatório e concentrador de riquezas para uma minoria detentora de capital econômico e político. Os professores (no masculino, pois eram apenas do gênero masculino) nos ensinavam a aceitar as leis como dogmas e a interpretar as normas jurídicas como se fizessem parte de um sistema completo, sem lacunas e correto. A norma fundamental, isto é, a Constituição outorgada por um grupo que não expressava o povo brasileiro, não era questionada. As aulas, com raras exceções, eram entediantes e desconectadas da realidade. Visavam manter o statu quo das desigualdades de classe bem como das interseccionalidades de gênero e raça, que só passei a compreender nas discussões da Assembleia Nacional Constituinte. A experiência de um ensino superior jurídico autoritário e excludente me incentivou a seguir a carreira de professora universitária com paradigmas teóricos críticos e metodologias ativas. Os tempos de chumbo e a sedução ao seu retorno, especialmente a partir de 2019, me fizeram ver o quanto intervir na educação, em qualquer nível, é um mecanismo essencial para o fascismo.

Antes de concluir o curso de Direito eu já trabalhava no Tribunal de Contas do Estado. O prédio fica no Centro Histórico de Porto Alegre. Para chegar até lá eu tinha de passar por um conjunto de prédios militares e sede do

Comando da 3ª Região Militar do Exército. É um quarteirão inteiro. Muitas pessoas ficaram presas ali. Lembro de um dia em que, ao encontrar uma amiga, parei na calçada para uma rápida conversa que foi imediatamente interrompida, sob a justificativa de que eram proibidas reuniões naquele local. Possivelmente porque poderíamos presenciar alguma cena incômoda ou ouvir algum grito de dor.

Em 1973, quando prestei concurso para assumir o cargo de procuradora do Incra, descobri que o SNI (Serviço Nacional de Informações) controlava as nomeações para cargos efetivos e de comissão. Em todos os ministérios, empresas estatais e autarquias havia Assessorias de Segurança e Informações que coletavam dados acerca dos candidatos e os remetiam ao órgão central. Tínhamos que apresentar certidões negativas das Delegacias de Ordem Política e Social (Dops) dos locais em que havíamos residido.

Durante o meu curto exercício no cargo de procuradora do Incra, em Brasília (1973-5), assumi a função de chefe da Procuradoria Agrária. Recebia rotineiramente pedidos de audiência de lavradores que vinham do Pará, da Bahia, da região que hoje faz parte do Tocantins. Eles pediam o reconhecimento do direito à posse das terras em que viveram e trabalharam. Contavam a respeito de pessoas que apresentavam registros de propriedade sobre essas terras e que os haviam expulsado e destruído as moradias e plantações. Vinham de ônibus, de carona ou mesmo a pé. Não me dava conta, porém, de que pouco adiantariam as orientações jurídicas para buscar o reconhecimento do direito à indenização ou do direito à propriedade. Essa expulsão era um fenômeno vinculado a decisões da Ditadura Civil-Militar, como denunciou a Comissão Pastoral da Terra (CPT).

O assédio violento contra os povos e comunidades tradicionais do Médio São Francisco, em particular do oeste baiano, teve início nos anos 1960-70, "quando os Cerrados passaram a ser frente de expansão do capital agrário internacionalizado, com apoio da ditadura empresarial-militar" (CPT, 2022).

Voltando ao tema das certidões negativas do Dops, tive de apresentá-las também em 1975, para assumir o cargo de procuradora da República, da carreira do Ministério Público Federal (MPF), após aprovação em concurso público. Era então o governo do general Ernesto Geisel. Nesse concurso, a nomeação de pelo menos três candidatos aprovados foi barrada inicialmente, em razão de anotações que constavam nas certidões sobre participação em atos políticos contrários ao governo, posse de livros sobre marxismo, socialismo, panfletos e manifestos considerados subversivos, entre outras informações de somenos importância. Só conseguiram ser nomeados mediante a interferência de um "padrinho", ou seja, alguém que tivesse prestígio perante os militares. Esse tipo de prática é uma modalidade de corrupção em sentido amplo que se consolidou nas relações públicas e privadas.

Fui empossada pelo então procurador-geral da República José Carlos Moreira Alves, que pouco tempo depois deixou a chefia para assumir uma cadeira no STF. Foi o procurador-geral da República que, no curto período de 1971-4, mais parlamentares processou com base no AI-5 e na Lei de Segurança Nacional (*apud* Lins, 2023, p. 229). Embora eu tivesse sido nomeada para uma vaga na Procuradoria da República do Maranhão, ele me designou para trabalhar no gabinete de um dos cinco subprocuradores-gerais da

República em Brasília. Eu redigia pareceres que eram submetidos à correção e aprovação desse subprocurador-geral, como se fosse uma estagiária ou assessora. A orientação era de sempre argumentar favoravelmente à União ou aos seus agentes.

No período em que trabalhei em Brasília (1975-6) e depois em Curitiba (1976-84), o papel do MPF na defesa judicial da União se sobrepunha. Nesse mister não cabia independência funcional. Acumulando funções de persecução criminal e de advogado do governo, o procurador da República Bruno Lamenha Lins (2023, p. 237), avalia que dentro desse quadro "o alinhamento ao regime constituía quase que uma vocação institucional do Ministério Público brasileiro". Admito, como ele, que o desempenho institucional dos órgãos do sistema de justiça sob o regime de exceção "oscilou entre omissão, inércia e colaboracionismo ativo" (p. 234). Tanto é que são pouquíssimas as reflexões específicas sobre o Ministério Público no período de 1964-85, parecendo espelhar a ideia de que o velho e o novo Ministério Público, o da Constituição de 1988, não guardam nenhuma relação ou continuidade relevante (p. 237).

Na verdade, a Justiça Federal de 1ª instância, extinta em 1937, foi recriada pelo AI n. 2, em 1965, para servir aos propósitos da Ditadura Civil-Militar. Os juízes eram designados, não concursados. Foram suspensas as garantias de vitaliciedade e inamovibilidade dos juízes: poderiam ser demitidos, removidos, postos em disponibilidade ou aposentados, se demonstrassem incompatibilidade com os objetivos da Revolução (artigo 14, parágrafo único). Observe-se que a competência da Justiça Federal foi definida em razão da pessoa — União ou entidade autárquica; em razão da matéria — direito marítimo, de navegação aérea, direito de greve e os crimes contra a organização do trabalho; ou da natureza da causa — os mandados de segurança e *habeas corpus* contra autoridades federais. A estruturação do MPF 1 para atuar perante a Justiça Federal seguiu o modelo da designação e mais fortemente sua dependência ao poder Executivo, como órgão vinculado ao Ministério da Justiça.

Tendo ingressado por meio do terceiro concurso público para a carreira do MPF, meus superiores eram pessoas que ali estavam com o beneplácito do regime. A inércia ou o colaboracionismo faziam parte do "contrato". Entretanto, à medida que o número de integrantes concursados foi crescendo, formou-se o grupo dos que não queriam ser omissos. Isso não quer dizer que todos os concursados fossem contrários à ditadura ou à "Revolução" ou que todos os que haviam sido designados não tivessem preocupações com desmandos administrativos e restrições aos direitos de livre manifestação e expressão do pensamento.

No grupo, digamos "progressista", destacou-se o procurador Pedro Jorge de Melo e Silva, que participou do mesmo concurso que eu. Ele ajuizou, em 1981, ações penais relativas a fatos ocorridos entre os anos de 1979 a 1981, na cidade de Floresta, em Pernambuco. Servidores públicos, empregados do Banco do Brasil e fazendeiros, entre outros, efetuaram operações fraudulentas de empréstimo no Banco do Brasil para plantação de mandioca e, depois, alegando perda devido a seca, receberam o seguro do Programa de Garantia da Atividade Agropecuária (ProAgro). O desvio, nos dias atuais, equivaleria a 30 milhões de reais. Entre os réus havia um major da Polícia Militar e um candidato a deputado estadual. Pedro Jorge passou a receber ameaças e, mesmo tendo sido afastado do caso, foi assassinado em março de 1982. Na ocasião, o presidente da República era o general João Batista Figueiredo (1979-85).

De um lado, colegas recebiam ameaças, veladas ou explícitas, encontravam obstáculos diversos para o exercício de suas funções, e, de outro, eram envolvidos por agrados aparentemente justificados no interesse público. Exemplo dessa alternativa consistia em convidar magistrados e membros do Ministério Público para conhecer as grandes obras do projeto desenvolvimentista da Ditadura Civil-Militar, sobre as quais havia ou haveria questionamentos em juízo. Dessa forma, conheci as obras da Usina Hidrelétrica de Itaipu, antes de ser inaugurada em 1984, e da Usina Nuclear 1 de Angra dos Reis, antes de entrar em operação em 1985. Era uma visita dirigida, só nos mostravam o lado positivo dessas obras para as quais, à época, não havia sido feito o estudo de impacto ambiental. Embora a Lei Federal n. 6.938, de 1981, tenha instituído a Política Nacional do Meio Ambiente, a regulamentação só ocorreu em 1983, complementada com a Resolução n. 1 do Conselho Nacional do Meio Ambiente, em 1986. Lembro bem o quanto, na visita a Itaipu, foi destacado o cuidado no salvamento dos animais silvestres na área de inundação. Nenhuma menção foi feita às comunidades indígenas Guarani, cujas terras tradicionais foram drasticamente reduzidas.

Em julho de 1984, fui removida para a Procuradoria em Santa Catarina. Além das funções ordinárias nos processos cíveis e criminais, no ano seguinte recebi designação do procurador-geral da República José Paulo Sepúlveda Pertence de Encarregada do Setor de Direitos Humanos, setor este criado em todas as sedes nas capitais para atuar como *longa manus* do Conselho de Defesa dos Direitos da Pessoa Humana (CDDPH), que permanecera fechado durante a Ditadura Civil-Militar e fora recentemente reaberto. Na PR/SC comecei a receber pessoas que vinham apresentar denúncias sobre perseguições sofridas na ditadura. Um dos casos de que tomei conhecimento foi o do Campo de Instrução Marechal Hermes, do Exército. Dezenas de agricultores foram desapropriados de suas terras e até hoje não receberam a justa indenização. Por buscarem seu direito e por denunciarem desmandos das autoridades militares foram perseguidos. Essa história nunca esqueci e guardo a frustração de não ter conseguido encaminhar uma solução, apesar do esforço anos após, quando passei a exercer o cargo de subprocuradora-geral da República, em Brasília.

Dessa época na PR/SC data o meu envolvimento com a defesa do meio ambiente e dos indígenas, especialmente os Xoklcng, quase dizimados pelos "bugreiros", a mando das autoridades locais, para permitir a colonização pelos imigrantes europeus. No século XX, restritos à Terra Indígena Ibirama La-Klãnõ, foram afetados pela construção de uma barragem para beneficiar a população não indígena que sofria com as inundações do rio Itajaí. Os prejuízos permanentes nunca foram adequadamente indenizados e as terras são objeto de assédio contínuo com desmatamentos e invasões.

Anos mais tarde, quando integrei a Câmara de Coordenação e Revisão do MP em matéria indígena, conheci a realidade dos genocídios praticados pela Ditadura Civil-Militar. É inacreditável que muitos povos indígenas tenham sido exterminados em pleno século XX e que o Relatório Figueiredo tenha sido rapidamente esquecido tão logo o Serviço de Proteção aos Índios (SPI) foi transformado, em 1967, na Fundação Nacional do Índio (Funai). O processo de expropriação dos territórios indígenas continuou mediante declarações falsas sobre ausência de presença indígena e expedições de contato com povos isolados para permitir a construção de rodovias e outros empreendimentos necessários ao modelo do desenvolvimento econômico capitalista. Vi e senti o sofrer dos Waimiri Atroari, no Amazonas; dos Macuxi, dos Wapixana e de outros povos de Roraima; dos Cinta Larga, em Rondônia; dos Xokleng, Kaingang e Guarani em Santa Catarina. Não posso deixar de mencionar o ocultamento, durante o período da Ditadura Civil-Militar, e mesmo depois da Constituição de 1988, das comunidades de quilombolas e de outros tipos de comunidades cujo modo de viver é incompatível com o modo de produção capitalista.

O meu trabalho com os povos indígenas ensejou a oportunidade de participar do Kuarup em homenagem a Orlando Villas Boas, em 2003, no Parque Nacional do Xingu, e a honra de conhecer Orlando Brito, testemunha de cenas marcantes da história nacional desde o período militar.

Por meio deste pequeno resgate de memória pessoal dos Anos de Chumbo, homenageio Orlando Brito, "o grande fotógrafo do período nebuloso da ditadura e da esperança da redemocratização" (*Jornal da USP*, 2022).

Referências

BRASIL. Constituição da República Federativa do Brasil. Promulgada em 3 de outubro de 1988. Disponível em: https://www.planalto.gov.br/ccivil_03/constituicao/constituicao.htm Acesso em: 10 fev. 2024.

BRASIL DIA-A-DIA: o retrato dos últimos 50 anos. Uma edição especial do Almanaque Abril (1930 a 1988).

CAMPOS, Pedro Henrique Pedreira. *Estranhas catedrais*: as empreiteiras brasileiras e a Ditadura Civil-Militar, 1964, 1988. Niterói: Eduff, 2014.

COMISSÃO PASTORAL DA TERRA. Conflitos no campo se agravam no oeste baiano às vésperas das eleições. Disponível em: https://cptba.org.br/conflitos-no-campo-se-agravam-no-oeste-baiano-as-vesperas-das-eleicoes/. Acesso em: 9 fev. 2024.

LEITÃO, Matheus. Descoberta do primeiro corpo de vítima da ditadura completa 40 anos. Disponível em: https://g1.globo.com/politica/blog/matheus-leitao/post/2019/08/29/revelacao-de-primeiro-corpo-de-vitima-da-ditadura-completa-40-anos.ghtml Acesso em: 9 fev. 2024.

LINS, Bruno Jorge Rijo Lamenha Lins. *O Ministério Público de 1988*: construção, trajetória e mudanças institucionais na fronteira entre o jurídico e o político. Tese de doutorado. Programa de Pós-Graduação em Direito da Faculdade de Direito do Recife. Recife:Universidade Federal de Pernambuco (UFPE), 2023.

MEMÓRIAS DA DITADURA. Ary Abreu Lima da Rosa. Disponível em: https://memoriasdaditadura.org.br/personagens/ary-abreu-lima-da-rosa/. Acesso em: 9 fev. 2024.

MINISTÉRIO PÚBLICO FEDERAL. Assassinato do Procurador da República Pedro Jorge de Melo e Silva – Escândalo da Mandioca. Disponível em https://linhadotempo.mpf.mp.br/www/linha-do-tempo/1982 Acesso em: 9 fev. 2024.

SALLES, Pinheiro. *Ninguém pode se calar*: depoimento à Comissão Nacional da Verdade. Pinheiro Salles: Goiânia, 2014.

UNIVERSIDADE DE SÃO PAULO (USP). Com Orlando Brito, a imagem valia muito mais do que mil palavras. Disponível em: https://jornal.usp.br/cultura/com-orlando-brito-a-imagem-valia-muito-mais-do-que-mil-palavras/. Acesso em: 10 fev. 2024.

Médici toma posse e leva do quartel para o Palácio sua forte personalidade.

Ana Maria Magalhães, Leila Diniz e Ruy Guerra eram alguns dos perseguidos pela repressão militar.

7
1964: a tirania da brutalidade contra a cultura e a felicidade

Enio Squeff

Um dos aspectos mais negligenciados (e ridículos) do golpe de 1964 foi a tentativa dos militares de interferirem ou mudarem aspectos da cultura brasileira, à parte sua violência criminosa. Pouco antes de 1964, o padre irlandês Patrick Peyton, ligado à CIA, esteve no Brasil. Mobilizou milhões de adeptos para as marchas Com Deus, a Família e a Propriedade, que começaram a pipocar pelo Brasil. Ao contrário do *putsch* contra Dilma Rousseff, quando a palavra de ordem era destruir tudo (basta atentar para o nível intelectual dos vários secretários de Cultura que se sucederam durante o período Bolsonaro), os fardados que tomaram o poder, em 1964, criaram várias instituições que ainda hoje existem, tais como a Funarte, implantada em 1975, durante o governo Geisel, e a Embrafilme, de 1969.

Busco-as na memória porque ambas, entre outras, foram, paradoxalmente, criadores de problemas para o governo ditatorial. Aparelhos culturais são instrumentos que apresentam risco: funcionam apenas no perigoso e fértil terreno da liberdade.

Tudo evidentemente começou bem antes. Os valores ditos "da família", como a virgindade compulsória das mulheres antes do casamento, a interdição a livros, filmes e peças de teatro considerados "imorais" ou subversivas, tinham adeptos em todo o país. Sob muitos aspectos, quando os militares chegaram com a sua sanha censória, o terreno já estava preparado para o que viria depois, como parte do repertório principalmente das classes médias urbanas. Assim, quando se deram a cassação de parlamentares e a expulsão dos melhores professores universitários e intelectuais que o país tinha, o clima inquisitorial logo se estenderia a todos os setores da vida brasileira. Era inacreditável que uma nação que contava com físicos como Mário Schenberg e Leite Lopes, ou com professores de filosofia como Gerd Bornheim e José Maria Fiori, para não citar o economista Celso Furtado, o antropólogo Darcy Ribeiro e outros, muitos outros, os despachasse, quando não presos ou por serem, de fato ou pretensamente, marxistas ou simplesmente por terem ideias consideradas heterodoxas.

Sabíamos na época que os sucessivos golpes em toda a América Latina e fora dela tinham claro suporte dos Estados Unidos. Vivia-se a chamada "Guerra Fria" (que, afinal, nunca acabou), e a palavra "subversivo", hoje em desuso, uma vez entranhada em qualquer pessoa, era suficiente para que ela fosse perseguida, presa ou até torturada e morta.

A grande imprensa era majoritariamente favorável ao clima inquisitorial. Os setores mais intelectualizados e críticos foram abertamente combatidos, perseguidos e banidos de seus cargos, principalmente na grande imprensa.

Obtinham-se algumas vitórias isoladas. Quando consegui que Otto Maria Carpeaux fosse o paraninfo da turma de jornalistas formandos do curso de jornalismo da UFRGS (Universidade Federal do Rio Grande do Sul) – do qual fui o orador oficial –, já o grande erudito austro-brasileiro era um lídimo representante dos "subversivos" que escreviam na imprensa brasileira. Logo, alguém a ser perseguido. Um dos únicos jornais de resistência, nos primeiros tempos, o *Correio da Manhã*, do Rio de Janeiro, onde, aliás, justamente Carpeaux escrevia, mas também Carlos Heitor Cony, Antonio Callado, foi logo abafado até fechar. Em suma, Carpeaux não veio a Porto Alegre, mas mandou-me um discurso que eu li na formatura.

O imprevisível, o quase chocante, da época é que a resistência cultural se mostrou muito mais ativa do que qualquer fardado, mesmo o mais façanhudo, poderia prever.

As perseguições eram vivas e atuantes. Quando fui convidado a ser professor adjunto de Cultura Brasileira na UFRGS, esperei algo em torno de dois anos até saber que eu não tinha bons antecedentes "ideológicos" por minha atuação na política estudantil. Pelo contrário, logo depois do golpe, os milicos organizaram uma exposição de tudo de "subversivo" que havia sido produzido em Porto Alegre; e lá estavam, no grande auditório Araújo Vianna (5 mil pessoas sentadas), ao ar livre, todas as edições de *O Coruja*, jornal oficial do centro acadêmico da Faculdade de Filosofia, do qual eu fora o editor-chefe. E meu nome estava estampado logo na primeira página.

Isso, porém, não era nada, se comparado às perseguições e prisões. No entanto, entre os jovens civis e militares, os cadetes que estudavam na escola militar de Porto Alegre, as relações eram amistosas.

Depois de 1964, entretanto, tudo mudaria.

Àquela altura, muitos cadetes da escola militar dos quais eu era amigo tinham seguido para as Agulhas Negras, para se formarem como oficiais. Como alguns deles eram músicos, e comecei a me enfronhar na vida musical da cidade, era natural que convivêssemos fraternalmente em torno da bossa-nova que começava a aflorar no Rio de Janeiro e não raramente em outras capitais, como a própria Porto Alegre. Digamos que nós, os "paisanos" (como os fardados se referiam com desprezo a todos que não eram militares), passamos a nos habituar à vida dupla, ambígua, que todos tínhamos de praticar: de um lado, a música, as meninas com suas minissaias, que apesar do moralismo brasileiro se impôs. As saias curtas provinham da Inglaterra, e todas, ou quase, queriam seguir a moda. Assim também com as chamadas "reuniões dançantes", onde podíamos enlaçar o corpo de uma jovem, abraçá-la. Mas havia o outro lado, assumidamente "subversivo", ou seja, os grupos políticos que iam desde a resistência pacífica até a previsão da luta armada, que aos poucos começava a se articular.

A censura ainda não tinha se implantado oficialmente. Mas uma revista com uma mulher nua, ou um filme em que aparecesse um nu frontal, nem pensar. A expressão "Família Brasileira" era uma espécie de monólito mágico – aquele que apareceria mais tarde no filme *2001, uma odisseia no espaço*, de Stanley Kubrick. Com isso, o espectro da ditadura ia aos poucos se compondo. Primeiro, com a expulsão das melhores cabeças das universidades, dos institutos, da política. Depois, qualquer livro, filme ou música que pudesse sugerir a "desagregação" da tal "Família". E aí, estupidamente, cabia tudo: desde um livro de Dostoiévski a um disco de Tchaikovsky. Como russos, tinham de ser naturalmente subversivos, embora ambos tivessem nascido e morrido no século XIX, em plena Rússia czarista. Em suma, a coisa se estendia a uma gama infinda de obras de arte e artistas. Note-se que quando se deu a eleição de Bolsonaro, há apenas quatro anos, a perseguição às vestimentas vermelhas, fossem de homens ou mulheres, tornou-se comuníssima e até aceita pela grande imprensa. Nada de coincidências.

De minha parte, fui obrigado a procurar outras plagas. Já tinha respondido a um inquérito instituído na própria universidade, composta de professores que aderiram ao que os milicos chamaram de "Revolução de 31 de março". Lembro-me que quando um professor – Ney Messias –, travestido de inquisidor, me perguntou por que eu era favorável ao governo derrubado, respondi o óbvio: o que eu fizera estava escrito na Constituição. Não podia ser culpado por ter defendido a lei. Acho que a justificativa os calou porque não sofri maiores consequências imediatas. Mas muitos colegas não tiveram a mesma sorte e foram detidos. Só que a tortura brutal, que depois se institucionalizou, ainda não era a regra. Os que diziam ter de livrar o Brasil da crueldade comunista ainda não tinham agregado a suas práticas a brutalidade ignominiosa que eles afirmavam ser a marca maior dos regimes comunistas. Que eles, derrisoriamente, não queriam ver implantados no país. Ou seja, matavam e torturavam como eles diziam que os comunistas faziam, mas tudo para que os vermelhos não tomassem conta do país. Dá para entender?

Os canalhas, em todo caso, e como sempre, saíram de suas tocas. Como um sujeito que eu pensava meu amigo, que começou a gargalhar quando lhe pedi um emprego no jornal em que trabalhava: o jornal, como a quase totalidade dos órgãos de imprensa do Brasil, aderiu ao que grotescamente os então inimputáveis generais e seus subordinados imediatos chamavam de "revolução". O que o sujeito queria dizer é que, com minha fama de subversivo, jamais seria aceito ali. Assim que, quando tive a oportunidade, fui para São Paulo. Participei da criação da revista *Veja* – nada a comparar com a publicação que se conhece hoje. Inscrevi-me num concurso entre 1500 profissionais do Brasil e acabei entre os 150 escolhidos que começaram a fazer o hebdomadário, então dirigido pelo Mino Carta. Era 1968: o Ato Institucional n. 5 e a censura agora tornaram-se corriqueiros.

Havia um censor em cada publicação. Alguns eram semiletrados. E se sabiam que os "subversivos" eram inimigos da família, tanto qualquer crítica velada ao regime – leia-se governo militar – quanto a mulheres nuas, por exemplo, era terminantemente proibida. E aí a coisa chegou a níveis inimagináveis. Para lembrar o ridículo: uma cena erótica qualquer de uma fita não podia mostrar uma nádega por inteiro de uma mulher. Tinha que ser só uma das nádegas (foi quando entendi o plural gramatical da vulgar e singularmente chamada bunda). Assim com os seios. Dois já eram "atentatórios à moral e aos bons costumes". Um só podia.

O linguajar também tinha de ser contido. Palavras como "bunda", "puta", ou mesmo o disfêmico "merda" tinham o potencial dom de destruir a "moral pública".

Para lembrar: um filme feito nos Estados Unidos, de que não me lembro o nome, não teve cortada a cena em que uma moça era estuprada com sexo anal. Mas a cena semelhante de sexo anal protagonizada por José Wilker e Sônia Braga do filme *Dona Flor e seus dois maridos* foi cortada, sem qualquer constrangimento. Quando os produtores brasileiros reclamaram por não terem tido o mesmo tratamento dos censores em relação ao filme estadunidense, a resposta proverbial foi surpreendentemente perversa: na cena do filme *made in USA* a atriz cinematograficamente estuprada, Margaux Hemingway, repelia o ato brutal. No filme brasileiro Sônia Braga interpretava gostar.

Isso quanto ao sexo. Havia outras histórias que um dia deverão ser contadas.

Quando trabalhava no *Estadão*, fui designado para fazer a cobertura do tradicional festival de música dita "erudita", de Campos do Jordão. A compositora Jocy de Oliveira, contratada para fazer uma peça de vanguarda, inventou com seus alunos de composição uma espécie de "caça ao tesouro": os jovens teriam de descobrir numa determinada área da cidade não sei bem se era uma partitura ou outra coisa qualquer. A polícia de Campos do Jordão proibiu a *performance*. Nunca soube por quê, nem eu nem a professora Jocy de Oliveira. Mas foi proibido, ponto.

Explica-se que a categoria artística e os intelectuais logo começaram a boicotar, dentro do possível, o governo militar. Pois não eram só os filmes. Havia os livros. *Zero*, de Ignacio de Loyola Brandão, foi proibido porque criticava os militares governantes; *Feliz Ano Novo*, de Rubem Fonseca, por atentar contra a moral e os bons costumes. E por aí afora.

Evidentemente que muitas obras mais foram apreendidas por uma razão ou outra, fossem estrangeiras ou brasileiras. *Roda Viva*, peça teatral de Chico Buarque, teve um destino chocante: policiais ou parapoliciais e marginais agrediram os próprios atores, em cena, tudo sob a impassibilidade da polícia.

Aqui vale um parêntese: a polícia.

Certo intelectual francês, falando sobre a Paris de seu tempo, o século XIX, assinalava que a presença de policiais ao longo de seu caminho, à noite, para sua casa, era um índice de civilização. Sabia que tinha alguém a protegê-lo como cidadão, pelas ruas parcamente iluminadas. A constatação era bem diversa no século XVI, em Roma, em plena Renascença. Segundo o grande estudioso da época, Jacob Burckhardt, contemporâneo do francês, o drama de se sair à noite em Roma era a possibilidade de encontrar César Bórgia, filho do papa Alexandre VI. Ele e seus asseclas tinham como um dos divertimentos preferidos matar qualquer transeunte que encontrassem à noite. Os corpos dos infelizes eram recolhidos no dia seguinte boiando no rio Tibre. Roma não era uma república como Florença, mas seria diferente ou pouco tolerante com celerados poderosos como César Bórgia?

É uma pergunta interessante porque o estatuto da polícia confunde-se com a ideia de cidadania, só existente com o surgimento da República francesa, após a Revolução de 1789.

No Brasil da ditadura de 1964, a visão que tínhamos da polícia era mais ou menos parecida com a dos romanos dos tempos de César Bórgia. Sabíamos que assassinos como o delegado Sérgio Paranhos Fleury, de São Paulo, além de ser o chefe do que se convencionou chamar de "Esquadrão da Morte", uma organização que tinha a licença de matar bandidos ou suspeitos, ao ser incorporado à equipe do coronel Carlos Alberto Brilhante Ustra, um dos maiores criminosos impunes que o Brasil já teve, e que chefiava o que ficou conhecido como "Operação Bandeirantes", sentiu-se livre para torturar ou matar quem bem entendesse. E a Operação Bandeirantes foi financiada por alguns empresários brasileiros. Tive vários amigos que foram presos ou mortos pelo delegado Fleury e sua trupe. Era um monstro. Mas a cultura da morte – que ainda hoje existe entre policiais militares e civis brasileiros, herdeira daqueles tempos tenebrosos – tornou-se corriqueira desde então. Mas agora contra os de sempre, negros, pardos e pobres.

Certa vez, por dever de ofício, dividi um carro oficial com alguns policiais numa viagem do interior para a capital paulista. De um deles, que não sabia ser eu um jornalista, ouvi um depoimento que me fez entender o que era ser carrasco num campo de concentração nazista. Falo da moral ambígua, tão cara a certos grupos religiosos. Contou-me, primeiro, de suas duas filhas, do amor que nutria por elas, meninas de boa educação, estudiosas etc. Em seguida, porém, à medida que a conversa seguia em frente, noite afora, dentro do carro, ele foi desfiando suas vicissitudes como policial. Tinha ordens a cumprir e, numa delas, teve de interrogar uma estudante – "subversiva" naturalmente. Pô-la nua, dependurada pelos braços, e deu-lhe tantas palmadas que... sim, suas enormes mãos como me mostrou, coitado (ele se lamentava), ficaram doendo. Deixou claro que tinha pena de si mesmo pela dor nas mãos de tanto bater naquela "filha da puta". Não lhe perguntei se uma de suas filhas fossem tratadas da mesma maneira ele defenderia sua atitude. Mas me lembro de ter chegado em casa transtornado, nem sei se consegui dormir.

Sou um insone, confesso, e houve uma noite que passei em claro por um acaso trágico. Levantei-me para não incomodar minha companheira que dormia a meu lado e fui à sala: quem sabe lendo alguma coisa o sono me viesse de alguma forma. Foi quando, pegando a esmo um número da *Veja* que eu ainda não lera direito, levei um choque: num dos cantos da revista contava-se que um de meus bons amigos de faculdade, Ruy Pfützenreuter, tinha sido morto por aqueles dias, numa troca de tiros com a polícia. Sabia-o na clandestinidade. Era um melômano que adorava Gustav Mahler.

Não sei se conheci alguém mais generoso que ele em minha vida. Apresentou-me certa vez sua mãe, moradora de Santa Catarina. Ela queixou-se do filho. Quando lhe enviava alguma roupa (Ruy era de uma família simples, que lutava com dificuldade para manter o filho em Porto Alegre, na faculdade, onde também estudava jornalismo), em geral, disse-me sua mãe, o casaco ou a calça ou a blusa ou a camisa, que a família a caro custo lhe enviava, ele os dava a alguém necessitado que encontrava na rua.

Certa vez, já em São Paulo, encontrei o Ruy no Theatro Municipal, num concerto gratuito, e contei-lhe que já tinha uma filha e que minha companheira, que ele também conhecera na universidade, não fora comigo porque nossa primogênita era ainda um bebê e não tínhamos com quem deixá-la. Ele imediatamente prontificou-se a fazer-se de babá para eu e minha esposa irmos ao cinema. Iria ao nosso encontro no endereço que lhe passei, e ei-lo no dia combinado a rir para o bercinho e a se deliciar com a menina que pegava seus dedos, como que a agradecer-lhe pelo favor. Minha companheira ficou apreensiva: ela mal conhecia o Ruy. Tratei de acalmá-la; eu, pelo contrário, conhecia-o bem. E quando voltamos do cinema lá estava o Ruy sentado ao pé do berço, satisfeito da vida, a menina dormindo placidamente. Sabíamos que vivia na clandestinidade e que sairia dali incógnito como vivia então. Nunca mais o vimos. No entanto, alguém me contou, vagamente, que ele morava com uma família operária. Esse amigo também me revelou que o Ruy quase não comia por saber das dificuldades de sobrevivência do casal que o hospedava, com seus filhos. E que certa vez desmaiou num ônibus, de fome.

Esse, enfim, era o homem que a *Veja* anunciava ter trocado tiros com a polícia. Não era verdade, como soube anos depois. Como me contou um amigo que fora preso e torturado, Ruy, ao ser identificado pela polícia política que o procurava, tentou pular a catraca do metrô. Levou um tiro. Um amigo que conheci bem mais tarde ficou espantado quando falei de seu nome. Esse amigo, preso político, contou-me o que sabia: que quando entrou, detido no presídio da rua Tutoia, em São Paulo, onde funcionava a Operação Bandeirantes (financiada por alguns empresários), um dos mais famosos centros de tortura do Brasil, teve de pular para não pisar num corpo, jogado no corredor, ainda agonizante. Servia, evidentemente, para deixar bem claro o que poderia acontecer com quem fosse pego pelo coronel Ustra. Esse amigo, que conheceu o Ruy então agonizante, foi barbaramente torturado, mas nunca esqueceu o nome do moribundo, jogado no chão, no meio da passagem dos presos, como exemplo. Sem querer me veio à mente a frase com que Dante se deparou quando entrou no inferno: “Lasciate ogni speranza voi ch’entrate” ou “Deixai qualquer esperança vós que entrais” (no inferno, naturalmente).

Sim, vivemos o inferno, que era isso que os militares queriam fazer do Brasil. Mas ouso dizer que, apesar de sua sanha, de seus esforços de torturarem e de exterminarem até simples suspeitos, fracassaram redondamente. À cultura da morte, os sobreviventes lhes respondemos não só com o Cinema Novo, a bossa-nova, as poesias de Vinicius de Moraes, as músicas de Chico Buarque, Gilberto Gil, Caetano Veloso e outros, mas, mais que tudo, ainda que não finalmente, com o riso provocado por um jornal que nasceu de um dia para a noite, chamado *O Pasquim*.

Era um semanário inteiramente novo, que reuniu algumas das melhores cabeças que o Brasil tinha na época. Como se tratava de um jornal humorístico, a publicação vingou. Mas aqui e ali infiltrava-se, em meio a piadas, o risível, que era tudo que os milicos não queriam para o Brasil. Começou aos poucos. A primeira vítima, se não me engano, foi um desenho animado que passava na TV Globo, de um ratinho italiano, o Topo Gigio. Encantava naturalmente as crianças, mas era o tipinho politicamente correto que parecia saído diretamente das pregações do padre Payton. Chorava e fazia chorar. Pura pieguice. Nada melhor para a turma do *Pasquim*, que começou a achincalhá-lo. Era a pureza em pessoa. Toda mulher ou homem que o admirava começou a se sentir agredido. Era o que o *Pasquim* queria. Ninguém até então denunciava a pantomima mentirosa em que vivíamos. E o tal ratinho foi a primeira vítima.

Certamente, houve uma espécie de fúria nacional. Topo Gigio era a candura que não existia. E a partir dele, porém, começou a aparecer o restolho: o bom-mocismo, a hipocrisia dominante – marca externa do regime. Não que o jornal fosse diretamente crítico. Mas tinha o dom de dizer coisas aparentemente aleatórias, só que num tom jocoso, subliminar, sardônico, malicioso, tudo isso acompanhado por desenhos mais que engraçados de Henfil, Jaguar, Millôr Fernandes, Ziraldo – era como se num contraponto à sisudez oficial um verme inconsútil saísse invisível das sombras a fazer rir e pensar. Ao longo dos números, porém, apareciam as moças de então – as moças com suas formas à mostra, o pouco-caso aos chamados "bons costumes". Nada agressivo. As belas pernas de Nara Leão em suas minissaias, o barrigão de Leila Diniz, grávida, de biquíni. E os textos criticavam o que a então grande imprensa não ousava: a guerra do Vietnã, levada pelos estadunidenses com uma crueldade que não devia nada aos métodos israelenses de domínio e de "guerra" de hoje em dia.

Paulo Francis, que ainda não vivia em Nova York, começava a sua carreira: brilhante, irônico, a contar aos americanos o que, no fundo, todos sabíamos: tudo o que era feito nas prisões do Brasil. Até hoje não entendo como os militares brasileiros, os macambúzios, os carrancudos fardados, não atentaram que, se podiam matar e torturar, tornaram-se quase impotentes diante do riso, do deboche das moças de Ipanema, a enfrentarem as senhoras marchadeiras com Deus, a família e a propriedade. Era com esse dístico que as mulheres apoiadoras do regime faziam suas procissões.

O humor como forma de enfrentar a repressão? Sem dúvida. É o que Millôr, Paulo Francis, Jaguar e muitos outros diziam de fora do Brasil; era exatamente o que acontecia por aqui. Assim, quando houve a Revolução dos Cravos em

Portugal, em 1973, com os capitães portugueses a derrubar a ditadura salazarista de mais de quarenta anos, Ziraldo veio com um raciocínio lógico: dali em diante não poderíamos mais contar piadas de português, mas piadas de brasileiros. Haveria algo mais explícito para denunciar o regime?

Certas edições do *Pasquim* foram naturalmente mutiladas devido a cultura da morte dos militares, que parece sempre terem ficado profundamente incomodados com a alegria dos brasileiros pelas seguidas Copas do Mundo conquistadas nos campos de futebol, pelos Carnavais cada vez mais despidos, e pelo riso, quando não pelas gargalhadas produzidas pelo jornal. O que se pensava ser um contraponto resolutamente sem vergonha era na verdade o riso franco, o maior inimigo dos façanhudos que torturavam e matavam.

Como bem observou Márcio Pinheiro, em seu belo livro sobre *O Pasquim*, não era uma publicação que agredia diretamente os militares. Mas foi fundamental, ainda que tivesse fechado antes do fim da ditadura. A realidade já era tragicômica por si mesma. De uma certa maneira, tudo ficaria às claras numa cena de um debate na televisão em que, enquanto o coronel Erasmo Dias, que invadiria a Pontifícia Universidade Católica de São Paulo (PUC), vociferava, gritando que a "Revolução jamais seria derrubada", sentado à sua frente com um riso maroto, um sorriso que dizia da insignificância intelectual do fardado, o deputado Ulysses Guimarães, um dos expoentes do MDB, único partido de oposição tolerado, guardava-se de só se divertir.

Cena emblemática: se na cabeça dos militares a cultura da morte é que comandava, do lado de cá, dos paisanos, o riso ia derruindo o regime. E derruindo mesmo. Quando o pessoal do *Pasquim* foi preso, já as torturas que tinham matado Vladimir Herzog, os tiros que tinham vitimado Marighela, o milhar de indígenas que foram infectados propositadamente com roupas que os militares lhes mandavam, com doenças mortais para eles, como sarampo, gripe, varíola (disso quase não se fala), começavam a aparecer às claras. Tanto que, quando *O Pasquim* sumiu, o ridículo do regime ditatorial já cedia vergonhosamente. Não havia mais motivo para o riso impresso. E alguns de seus principais protagonistas, como o delegado Fleury, tinham morrido em condições que até hoje cheiram a "queima de arquivo".

Claro que a história dos 21 anos da ditadura militar não pode ser contada num artigo. Eu mesmo, um agnóstico, só não fui preso acho que por milagre. Saí de férias com a família e, na volta, fui informado por uma vizinha (nunca me esquecerei de seu nome, dona Beatriz) que dias depois de minha saída quatro senhores, de terno e gravata, tinham batido em meu apartamento. Disse-me aquilo à socapa. Fiquei curioso: "Eram meus amigos?" e ela peremptória, firme: "Não, seu Enio, não eram seus amigos".

"Mas o que queriam, eles disseram alguma coisa?"

"Não, só queriam saber para onde o senhor foi e eu lhes disse que não sabia."

Sim eram os homens ou do Fleury ou do Ustra. Eles faziam suas detenções devidamente engravatados, como homens de bem. Mas era entrar na viatura e logo se iniciavam os safanões, os socos; no caso das mulheres, o comportamento mais cafajeste possível, com bolinações seguidas de bofetadas. Os ternos civis se transformavam em roupas de verdugos.

Por aqueles dias, tinha havido uma grande razia contra os jornalistas e vários colegas do *Estadão*, homens e mulheres, tinham sido presos, não só em São Paulo e não apenas no jornal, então pertencente à família Mesquita. Foi essa operação que resultou na morte do Vladimir Herzog e do operário Manuel Fiel Filho. Mas a inesperada reação daquela vez foi grande. O ato na praça da Sé, na catedral de São Paulo, montado pelo também jornalista Audálio Dantas, presidente do Sindicato dos Jornalistas de São Paulo, reuniu o rabino Henry Sobel, o pastor James Wright e o cardeal Dom Paulo Evaristo Arns. Era uma frente religiosa respeitável, o ecumenismo contra o fascismo. Milhares de pessoas se amontoaram dentro e fora da catedral.

Estava dando tudo errado. Os façanhudos fardados começavam a brigar entre si e, a partir daí, à custa de lágrimas e risos, o regime passou a derreter. Alguns amigos como Diléa Frate, Sérgio Gomes, José Luís del Roio, Joel Rufino e outros foram presos e barbaramente torturados. O Comitê Central do Partido Comunista, no bairro da Lapa, em São Paulo, foi metralhado por ordem direta do presidente general Ernesto Geisel.

Lembro-me de um ex-colega de Veja, Anthony de Cristo, que saiu da prisão direto para minha casa, onde bebemos e choramos juntos, enquanto ele contava as barbaridades que lhe fizeram. Em síntese, essa era parte da vida de muitos brasileiros. Lágrimas, muitas lágrimas – mas risos também.

No fundo, porém, se muita gente tivesse escutado uma entrevista que fiz, na rádio da universidade (UFRGS), com o escritor Erico Verissimo, talvez *O Pasquim* tivesse nascido bem antes.

Foi logo no início da ditadura. Na TV e nas rádios o silêncio era clamoroso. Como a entrevista era gravada, e a rádio da universidade, que praticamente só tocava música clássica, era uma emissora quase clandestina, dada a sua baixíssima audiência, a conversa fluiu naturalmente. Quase não falamos de literatura. Provoquei-o logo com perguntas sobre um boato que circulava em Porto Alegre – o de que a editora Globo (na época ainda da família Bertaso, muito ligada a Erico) iria publicar a autobiografia do general Justino Alves Bastos, comandante em chefe do III Exército.

Ele se valera da sua condição de "revolucionário" todo-poderoso da divisão do Exército mais bem equipada da época para praticamente impor à editora que publicasse o relato que fizera de sua vida. Como os boatos propalavam que o prefácio seria do Erico Verissimo, perguntei-lhe se era verdade, se ele se dispusera mesmo a fazer o prefácio da biografia do general. O escritor gaúcho confirmou que recebera, de fato, os manuscritos, e que o general Justino praticamente "exigia" que seu trabalho fosse prefaciado por ele, na época um dos escritores mais lidos do país. Ao confirmar o fato, Erico descreveu o início da obra, com a descrição de que quando o general Justino nascera "os passarinhos pipilavam de galho em galho" (mais tarde esse trecho foi omitido da edição publicada). Erico Verissimo, um homem cordial, bondoso até demais, quase não se recusava a abonar obras medíocres, mas sempre fora sério o suficiente para não avalizar engodos. Confiou-me que depois das primeiras linhas começou a se sentir constrangido. Não disse com essas palavras, mas sentiu que estava diante da autobiografia de um néscio. E como o manuscrito vinha acompanhado de uma foto do general montado num cavalo, Erico desculpou-se ao Bertaso, escrevendo que depois de ler o texto, e ver a foto, via-se na impossibilidade de fazer o prefácio, pois não conseguira dissipar sua dúvida se o cavalo era o que estava embaixo ou em cima. O caso morreu ali, a Globo imprimiu o livro, sabendo que iria enfrentar um dos maiores encalhes de uma obra, dos milhares que editou ao longo de sua história.

Diga-se, em tempo, que Erico Verissimo iria enfrentar a ditadura indiretamente, mais tarde e de uma forma bem mais incisiva. Aconteceu quando a UFRGS convidou-o para receber o título de doutor *honoris causa.* O escritor negou-se a aceitar a comenda. Depois de dizer que a UFRGS assistira, sem reação, ao expurgo de seus melhores professores (a UFRGS foi a mais atingida pelas primeiras medidas repressivas de 1964, segundo o estudo que deu origem ao livro *Universidade e Repressão: Os expurgos na UFRGS*, L&PM), o escritor escreveu que não poderia receber um título de tal magnitude em respeito aos mestres cassados. Antes disso, Erico Verissimo já tinha mandado para publicação no jornal *Correio do Povo* um artigo do grande crítico literário Alceu de Amoroso Lima, conhecido pelo pseudônimo Tristão de Athayde, que concluía: "É preciso acabar com essa atmosfera de delações, de inquéritos, de investigações, revoltantes e contraproducentes. No que há de mais íntimo nas consciências, sob pena de comprometermos, por longos anos, o futuro de nosso ensino universitário. E passarmos, a nós mesmos, um atestado de 'primarismo cultural'".

O mais articulado ministro da Educação e Cultura da ditadura, que foi Jarbas Passarinho, me disse certa vez, numa coletiva, que achava legítimo que o Brasil proibisse a encenação de qualquer peça do comunista Bertolt Brecht no Brasil: "Na Alemanha Oriental eles proíbem Nelson Rodrigues. Por que é que eu vou permitir que encenem Brecht?". Não lhe respondi que as proibições, as prisões arbitrárias e o regime de delação faziam do nosso país exatamente o que os militares diziam querer evitar para o Brasil. Ele não iria discutir comigo. Os militares de 1964 não se permitiam a discussões sobre suas próprias arbitrariedades. Foram criminosos em nome da democracia que diziam querer salvar do comunismo. E agiram como uma típica corporação colonizada pelos EUA.

Desconfio, aliás, que ainda – pelo menos alguns deles – sonham em fazer do Brasil uma ditadura militar. Na experiência recente do governo Bolsonaro tudo o que suspeitávamos que eles tinham feito durante a ditadura – falo de seus chavões, sobre a corrupção dos "paisanos" – eles praticaram à larga. As compras sem licitação, a recusa à aquisição das vacinas contra a covid-19 – a própria condução do presidente em relação à coisa pública, a tentativa da venda das joias que ele ganhou, a intentona de um golpe no dia 8 de janeiro 2023, suas ligações com os milicianos, aquilo tudo e muito mais que o governo protomilitar quis promover no Brasil, são indícios de que o país jamais apurou todo o tempo em que eles reinaram como ditadores do Brasil. Terão tido as devidas lisuras, as contratações das construções da ponte Rio-Niterói, Itaipu, a Transamazônica, a construção dos aeroportos? Nada foi apurado.

A dívida dos militares com o Brasil, país que os sustenta, que paga seus soldos, que os alimenta, que lhes entrega as armas com que nos ameaçam constantemente, é um problema irresolvido que não foi enterrado com a democratização que se sucedeu à Ditadura Civil-Militar. Alguns acham que devemos perdoá-los. Não, não se perdoam crimes hediondos, descompromisso com a pátria, nosso atraso cultural que lhes devemos pelo que fizeram.

Vivemos a mais desbragada cultura da tanatofilia, o amor à morte. Felizmente eles se desmoralizaram. Mas muita gente ainda sonha com o retorno do pesadelo. Ele nos ronda. Ou reformamos as Forças Armadas, que começaram com a derrubada do imperador em 1889 para fazer pior, ou... deixo aos leitores as conjecturas.

O escritor e cartunista Ziraldo protesta contra a proibição da liberdade de expressão.

Famílias procuram parentes presos, mortos ou exilados pelo regime militar.

8
Histórias da ditadura
Frei Betto

O golpe militar, em 1º de abril de 1964 (recuado um dia por vergonha dos milicos à data), me alcançou em Belém, participando do Congresso Latino-americano de Estudantes, que se desmobilizou antes de chegar a repressão. No Rio, onde morava e integrava a direção nacional da Ação Católica Brasileira, fui preso em 6 de junho de 1964 pelo Cenimar, serviço secreto da Marinha. Fui confundido com o Betinho, líder da AP (Ação Popular), movimento de esquerda de origem cristã. A repressão não distinguia AP de AC (Ação Católica). Esta também era predominantemente contrária ao golpe. Torturado no Cenimar, na praça Quinze, no Rio de Janeiro, fiquei uma semana preso na ilha de Villegagnon, onde hoje funciona a Escola Naval. E duas semanas em prisão domiciliar. Não houve processo.

Já frade dominicano, aderi à resistência à ditadura militar como grupo de apoio à Ação Libertadora Nacional

(ALN), comandada por Carlos Marighella. Preso de novo em 1969, em Porto Alegre e trazido para São Paulo, fui condenado, dois anos depois, a quatro anos de prisão. Passei por oito diferentes cárceres, sendo que dois anos em companhia de presos políticos e dois na condição de preso comum. Na semana em que completei os quatro anos, em fins de 1973, o STF reduziu a minha pena para dois anos...

Na prisão, minha militância consistiu em escrever centenas de cartas denunciando a ditadura. As dos primeiros dois anos foram editadas na Itália em 1971, antes de serem publicadas no Brasil. Muitas estão reunidas em meu livro *Cartas da prisão* (Companhia das Letras). Mais tarde, lancei mais três obras sobre o período da ditadura: *Batismo de sangue* (Rocco) – levado às telas de cinema pelo diretor Helvécio Ratton –, *Diário de Fernando – nos cárceres da ditadura militar brasileira* (Rocco) e o romance *Dia de Ângelo*, (Brasiliense).

Ao sair da prisão, morei cinco anos na favela de Santa Maria, em Vitória-ES, e me dedicava ao trabalho de organizar Comunidades Eclesiais de Base em todo o Brasil. Em 1979, voltei a São Paulo, e fiz parte da pastoral operária no ABC paulista. Participei da fundação da CUT e da CMP (Central de Movimentos Populares) e ainda assessorei sindicatos e o MST (Movimernto dos Trabalhadores Rurais Sem Terra).

Quem não traz a memória do passado corre o risco de repetir os mesmos erros no futuro. É preciso manter presente e viva a lembrança das atrocidades cometidas por 21 anos de ditadura, e até hoje impunes. O livro *Brasil, nunca mais!*(Vozes), deveria ser leitura obrigatória em todas as escolas.

São muitas histórias. Frei Tito de Alencar Lima, meu companheiro de vida religiosa e cárcere, foi torturado em novembro de 1969 ao ser preso no convento de São Paulo. Reconduzido às torturas em fevereiro de 1970, para confessar que os oito frades presos haviam participado de ações armadas, resistiu em silêncio durante três dias, até cortar as artérias do braço esquerdo. Preferia morrer a delatar. Solto graças ao sequestro do embaixador suíço, em janeiro de 1971, foi banido do Brasil e se exilou na França. Nunca se livrou dos fantasmas de seus algozes. Em 1974, aos 28 anos, se enforcou. Deixou escrito em sua Bíblia: "É preferível morrer que perder a vida". Como disse o cardeal Arns, ao celebrar na catedral da Sé o retorno ao Brasil dos restos mortais do frade, "frei Tito não se matou, mas buscou, do outro lado da vida, a unidade que havia perdido deste lado".

Agora outra história bizarra: os livros que recebíamos na cela passavam por censura. Às pessoas que levavam nos entregavam a lista de títulos para posterior conferência. Um dia, faltou um. Reclamamos. O diretor do Presídio Tiradentes veio à porta da cela e disse que eram proibidos de entrar livros que tratavam de Cuba. O título era: "*O cubismo*"...

Toda ditadura mente, sonega informações, censura os meios de comunicação, falsifica dados econômicos, sabota a democracia, instala o terror em nome do Estado e a tortura como método de investigação. Em suma, viola os mais elementares direitos humanos. Temos que lutar por uma sociedade que não gere torturadores e terror. Para isso há que pressionar o Judiciário para apurar e punir os responsáveis pelos crimes de torturas, assassinatos, sequestros e desaparecimentos de pessoas ao longo dos 21 anos de trevas.

Infelizmente só conheci Orlando Brito pela excelência de sua obra. Sou grato a ele pelo talento e coragem de registrar as imagens do terror do Estado militarista brasileiro. Deus o tenha.

Na UNB, protestos de estudantes reprimidos com agressão.

9
O vazio de Orlando Brito

Gilmar Ferreira Mendes

Em 8 de janeiro de 2023, adentrei o plenário da Suprema Corte brasileira – que há mais de vinte anos chamo afetuosamente de casa –, e pude presenciar uma das cenas mais tristes da minha história. Para além dos escombros, o que preenchia o salão era o vazio. Já naquele dia, dei-me conta de que, novamente, eu testemunhava o esvaziamento provocado por aqueles que ambicionam tomar de assalto as fundações do Estado brasileiro.

Mais tarde, revisitando a memória, veio à mente a foto de Orlando Brito que, por sua força artística e relevância histórica, mais me marca: o retrato do plenário da Câmara dos Deputados deserto, observado de cima por um sentinela. O próprio fotógrafo narrou o que suas lentes testemunharam: "ao invés de parlamentares em suas cadeiras, no lugar de oradores na tribuna e do povo nas galerias, somente um vigilante guardava o plenário completamente vazio. Era 14 de abril de 1977".[1]

Mais de um ano depois do "dia da infâmia" – na expressão consagrada pela ministra Rosa Weber –, percebo, hoje, que o apreço por aquela imagem se dá também por uma razão de ordem profundamente pessoal. Como Brito, pude acompanhar de perto a dinâmica política que culminou naquele fatídico dia de 1977. No entanto, sem dispor do mesmo talento para fotografia, eu contava apenas com meus olhos atentos de jovem que buscava trilhar seu caminho em meio a tamanha ebulição.

De fato, em 1975, tornei-me estudante da Universidade de Brasília (UnB), e, juntamente com aqueles que estavam interessados em política, mergulhamos diariamente nos discursos de Paulo Brossard, Itamar Franco e Marcos Freire, e, ainda, nas manifestações de outros nomes da situação, como Jarbas Passarinho e Petrônio Portela. Da mesma forma, acompanhamos compenetrados, em 1976, o velório de Juscelino Kubitschek, homem público tantas vezes fotografado por Orlando Brito.

Tenho memórias muito vivas daqueles anos e do combate político organizado pela oposição, com destaque ao estilo fulgurante de Paulo Brossard, verdadeira bússola política de toda a juventude compromissada com o estado de direito. Em especial, recordo-me do discurso do senador gaúcho contra a proposta de reforma do Judiciário lançada por Geisel, que aprofundaria o desconcerto do quadro institucional, fulminando a separação de poderes.

Mas, como costuma acontecer em regimes de força, não tardaria a reação brutal por parte do Executivo, à época detentor de poderes incontrastáveis.

---

[1] BRITO, Orlando. História – O pacote de abril – Orlando Brito. Disponível em: https://osdivergentes.com.br/orlando-brito/historia-o-pacote-de-abril/.

Barrada pela oposição a reforma judiciária pretendida, viria à tona, em 1977, o Pacote de Abril, alteração constitucional que, deformando ainda mais a representação popular, instituiu a figura dos senadores biônicos. Igualmente, foi elevado o número de deputados dos estados em que Aliança Renovadora Nacional – Arena tradicionalmente obtinha maioria. Assim, o governo tencionava impedir que o Movimento Democrático Brasileiro (MDB) lograsse nova vitória eleitoral nas eleições seguintes ao Senado, repetindo a histórica votação alcançada em 1974. Em sua face mais perversa, a medida fechou o Congresso Nacional – trágica realidade política que seria registrada de forma tão pungente pela foto do homenageado.

Contudo, mal sabia eu que o ano de 1977 traria consigo outro esvaziamento que marcaria minha vida de forma indelével.

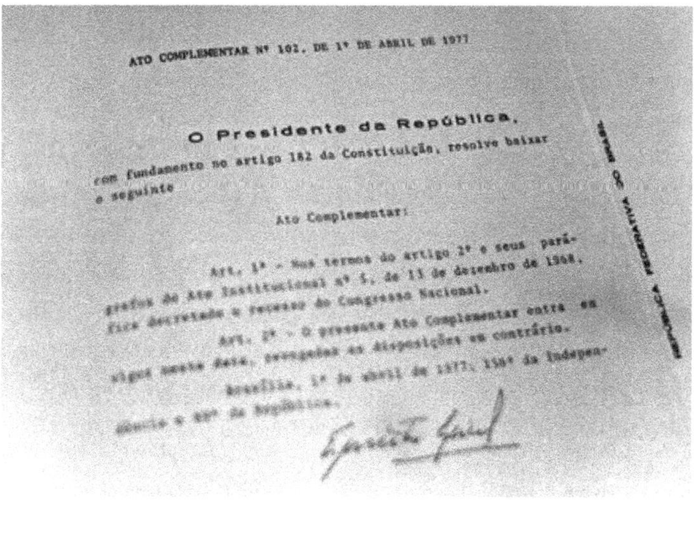
ATO COMPLEMENTAR Nº 102, DE 1º DE ABRIL DE 1977

O Presidente da República,

com fundamento no artigo 182 da Constituição, resolve baixar o seguinte

Ato Complementar:

Art. 1º - Nos termos do artigo 2º e seus parágrafos do Ato Institucional nº 5, de 13 de dezembro de 1968, fica decretado o recesso do Congresso Nacional.

Art. 2º - O presente Ato Complementar entra em vigor nesta data, revogadas as disposições em contrário.

Brasília, 1º de abril de 1977; 156º da Independência e 89º da República.

Ato Institucional 102 – o Pacote de Abril.

A vítima do autoritarismo seria agora a UnB.

Como se sabe, as universidades sempre desempenharam, em todo o mundo, importante papel no cenário político. Nomeadamente por ser um foro qualificado para o desenvolvimento do pensamento crítico e para a livre circulação de ideias, elas não raramente são alvo de repressões explícitas ou veladas.

Faço esse registro porque reconheço que esse contexto me forneceu um inesquecível ensinamento em relação ao papel da magistratura, ao demonstrar que, em momentos delicados, ordens judiciais podem servir a desideratos nem sempre confessáveis.

Com efeito, naquele mesmo ano, a UnB tinha por reitor José Carlos Azevedo, capitão de mar e guerra. Contra ele, um grupo de alunos impetrou *habeas corpus* requerendo que lhes fosse assegurado o direito de assistir às aulas. Tal pretensão tinha por foco afastar o impedimento articulado pelos alunos em greve, organizados em resistência ao *establishment*. Concretamente, todavia, os autores da ação tinham em mente esvaziar a atuação estudantil contrária ao regime.

Na oportunidade, a concessão do remédio constitucional serviu de biombo institucional para que a polícia adentrasse o campus e, depois da invasão de 6 de junho de 1977, ali permanecesse até o início da reabertura política do país. Ademais, essa mesma ação teve por consequência a prisão de muitos estudantes, enquadrados na Lei de Segurança Nacional. Naquele ano, a universidade tornou-se um símbolo tão grande de resistência que angariou manifestações de solidariedade por todo o país.[2]

[2] RIBEIRO, Antonio Ramaiana de Barros. *UnB 1977*: O início do fim. Brasília: Paralelo 15, 2019, p. 158.

Em meio à turbulência e sem jamais esquecer-me dessa vivência, fui laureado bacharel em Direito no ano seguinte, 1978. A escolha do paraninfo da turma não poderia recair sobre outro nome que não fosse o do "Senhor Justiça". Sobral Pinto, fervoroso combatente dos direitos humanos, resistira à ditadura Vargas e à ditadura inaugurada em 1964. Chegado o dia da celebração, porém, mais um vazio acontecia. É que, em razão da idade, não pôde comparecer pessoalmente. Coube a Sepúlveda Pertence – outro grande mensageiro da Democracia – a leitura do discurso.

Antes de transmitir aos formandos a mensagem do paraninfo, Pertence retratou com suas próprias palavras o sentimento de todos nós, democratas convictos:

"Vivemos naqueles anos um período que nos identificou para sempre com o destino da ideia da Universidade de Brasília, malgrado as vicissitudes por ela atravessadas. Foram, afinal, tempos que nos pareceram o da realização de um sonho; da miragem que nos comovera no chamamento dos seus fundadores: a de realizar, pela primeira vez em nosso país, uma universidade que nascesse vinculada ao duplo compromisso que Darcy Ribeiro – o maior dos seus sonhadores – chamaria de 'as duas lealdades básicas da UnB': a lealdade com os padrões internacionais do saber, posta a serviço da outra, a lealdade para com o povo brasileiro, contraprestação devida ao privilégio da educação universitária.

"Sabeis, porém, que, para nós, o sonho da realização desta empreitada durou pouco. Fomos escorraçados pelo vendaval da intolerância estimulada pelo servilismo que acabou na grande crise de outubro de 1965. Conforta-nos saber, porém, que muitos já retomaram – mesmo nos anos difíceis que se seguiram – e muitos outros hão de retomar a mesma tarefa".[3]

Da mesma forma, a fala enviada por Sobral Pinto testemunhava o que esse homem de bravura outrora havia vivenciado, quando também fora eleito paraninfo da turma dos formandos do curso de Direito da Universidade Federal de Goiás de 1968. Naquela noite, hora e meia antes da solenidade, fora arrastado, por um major do Exército, do hotel em que se hospedava. Seu destino era o cárcere de uma unidade das Forças Armadas; seu crime, a divergência intransigente contra um regime de força imposto arbitrariamente à nação.

Como notou o paraninfo em seu discurso, o destino novamente impedia sua presença física diante de seus afilhados. Na voz de Sepúlveda Pertence, as palavras de Sobral enunciavam as ambições políticas dos estudantes de então:

"Urge, meus jovens amigos e colegas, reconhecer que a Pátria vive presentemente dias escuros e inquietantes. Esse Direito que aprenderam, com tanto ardor, e que lhes cumpre fazer aplicar – como o cimento necessário e sólido de seus Institutos públicos e privados –, não orienta, em grande parte, os atos das autoridades governamentais e nem está presente em numerosas decisões dos agentes administrativos do Estado. Não são os seus preceitos as normas que regem, em setores importantes da vida brasileira, os laços indispensáveis da sua cidadania.

"Não podem os juristas esquecer que não é o povo que elege, em voto direto e secreto, o Presidente da República, os Governadores dos Estados, e um terço dos Senadores. A tribuna parlamentar, fonte, esteio e instrumento das

---

[3] PERTENCE, José Paulo Sepúlveda. Discurso de Apresentação da Turma Aliomar Baleeiro. Brasília, julho de 1978.

liberdades públicas, perdeu a sua inviolabilidade e, com ela, a sua condição de fiscal soberano das atitudes políticas e das atividades administrativas dos órgãos governamentais. O Poder Executivo Federal dilatou de tal maneira o círculo de sua competência e as atribuições de suas atividades políticas e administrativas, que tirou do Legislativo a sua soberania e privou o Judiciário das garantias indispensáveis ao exercício independente de sua nobre e difícil função.

"Cumpre restaurar em nossa atribulada Pátria o reinado soberano do Direito. Esta é a missão que a cidadania brasileira lhes confere e outorga, não com a esperança, mas com a certeza de que não vacilarão, jamais e em circunstância nenhuma, em assumir, nas horas próprias, a responsabilidade integral de apóstolos do Direito nas áreas de suas respectivas atividades".[4]

Laureado, mantive acesa em mim a chama pela busca de dias melhores, frequentando atos públicos em protesto contra o statu quo então vigente. Nas praças, nas esquinas e no próprio campus de minha *alma mater*, tive lições de cidadania e independência ministradas por aqueles que lideravam a resistência democrática em pleno período de exceção.

A vida, porém, seguiu seu curso. Em 1979, como oficial de chancelaria do Itamaraty, fui mandado a Bonn, na Alemanha, onde prossegui com meus estudos universitários, até que, em 1982, retornei ao Brasil, assumindo em seguida o cargo de procurador da República.

Devo confessar que, em todos esses anos, aquela foto do homenageado esteve sempre em meus pensamentos. Ao captar um momento que, aparentemente pontual, representa um período triste da história nacional, a fotografia

---

[4] PINTO, Heráclito Fontoura Sobral. Discurso como Paraninfo da Turma Aliomar Baleeiro. Brasília, julho de 1978.

remete a uma realidade vivenciada por mim de forma tão profunda e definitiva.

Quase cinquenta anos depois de todos esses fatos marcantes em minha história pessoal, eu – agora ministro decano do Supremo Tribunal Federal – adentrava o vazio do plenário da Corte, e, perplexo, perguntava-me: Como chegamos a esse ponto?

Ainda hoje envolvido nessa meditação, entendo que a resposta só pode ser encontrada por meio de reflexões como esta, mediante o resgate de memórias que impedem o esquecimento desses tortuosos caminhos percorridos pela sociedade brasileira. Somente o trabalho rigoroso de costura dos acontecimentos que antes pareciam distantes é capaz de elucidar o que leva a esses esvaziamentos. Da mesma forma, apenas a ponderação cuidadosa – que impeça o adormecimento de consciências – pode construir formas efetivas de combate ao arbítrio.

Nesse sentido, estou certo de que o trabalho de Orlando Brito é fundamental, por atestar que, diante da política calcada na força bruta, é necessário desassombro para registrar com precisão e arte os acontecimentos, garantindo que abusos políticos não sejam nem relativizados por discursos diversionistas, nem apagados pela passagem do tempo.

Por fim, creio que a foto do homenageado pode atualmente representar uma mensagem de alerta nem sempre percebida por seus admiradores: a história mostra que a construção da Democracia demanda esforços cotidianos e vigilância constante, numa batalha política contra retrocessos que nunca está completamente vencida. Especialmente no Brasil, desconsiderar essa exigência política – sem atentar ao registro fotográfico que tanto me comove – é permitir que as forças do atraso encontrem oportunidade para violentar a República, seja atacando o Congresso Nacional, seja agredindo o Supremo Tribunal Federal.

Assim, tenho certeza de que o talento de Orlando Brito permanecerá vivo entre nós, ecoando a mensagem de liberdade de que o Brasil tanto necessita – ontem, hoje e sempre.

Senadores Paulo Brossard e Teotônio Vilela, nomes fundamentais na luta pela Anistia no Brasil.

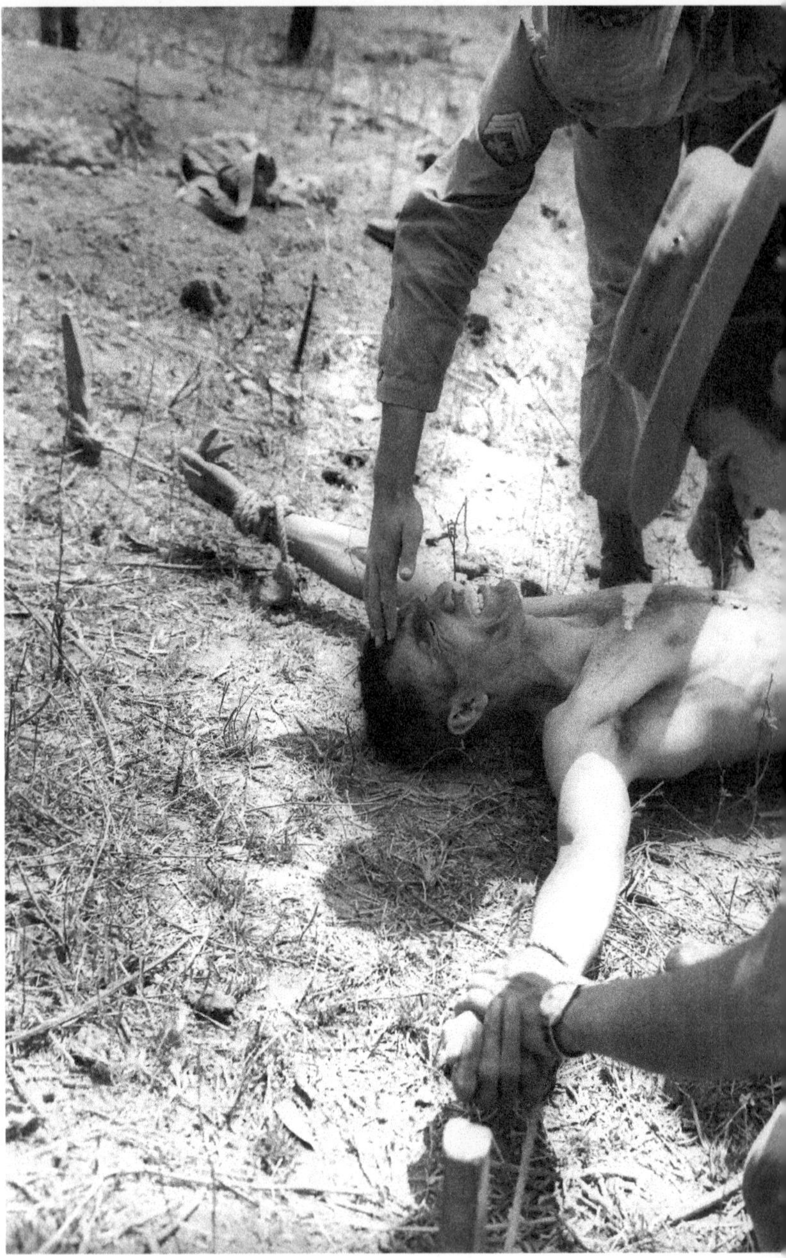

Exercícios militares de tortura.

10
Os negativos da memória: Os Anos de Chumbo detrás das lentes de Orlando Brito

João Carlos Nara Jr.

A ascensão do regime militar no Brasil

"Eu era um jovem fotógrafo e cobria para o jornal *O Globo* os assuntos da política. Senti que a notícia estava na Presidência da República, mas seu efeito se mostraria no Congresso. Atravessei o Eixo Monumental, a avenida que separa o Palácio da Câmara e Senado. No Planalto não havia nenhuma foto a ser feita, a não ser a de um contínuo aborrecido distribuindo aos repórteres as cópias do ato presidencial.

Eu estava certo. Numa salinha do térreo abarrotada de senhores atônitos, consegui ainda fotografar alguns deputados ao pé do radinho de pilhas ouvindo a leitura da intervenção na Constituição lida em cadeia nacional pelo então ministro

> da Justiça, Gama e Silva. Entre eles, estavam os presidentes da Câmara, da Comissão de Justiça e o líder do governo, Zezinho Bonifácio, Djalma Marinho e Geraldo Freyre, além de jornalistas e funcionários.
>
> Logo em seguida, todos tiveram de abandonar o edifício do Congresso. Câmara e Senado Federal só foram reabertos dez meses depois para referendar, em eleição indireta, a escolha do novo presidente da República, o general Garrastazu Médici, no lugar de Costa e Silva, acometido por uma embolia cerebral que o tirou do poder e da vida".[1]

Assim descrevia o episódio — pouco mais de cinquenta anos depois da outorga do Ato Institucional n. 5 pelo marechal Artur da Costa e Silva — o fotojornalista Orlando Brito, que na época tinha escassos dezoito anos, ao testemunhar a renovação da suspensão de direitos políticos no Brasil. Seria preciso aguardar até 14 de outubro de 1969 para que o Ato Institucional n. 16 declarasse vagos os cargos de presidente e vice-presidente da República, para que no dia 25 seguinte se realizasse a eleição presidencial indireta pelo Congresso Nacional.

Orlando Brito, nascido em 1950, crescera assistindo — sem se dar conta, em função da idade — ao papel, cada vez mais importante, que os militares assumiam na vida política brasileira. Mesmo desde antes, eles já vinham exercendo a sua influência, como quando foram responsáveis pela saída de Getúlio Vargas do poder em 1945 e, seguidamente, estiveram representados na Presidência da República

---

[1] BRITO, Orlando. 13 de dezembro de 1968 – Há 53 anos, o famigerado AI-5. 2021. Disponível em: https://osdivergentes.com.br/orlando-brito/ha-53-anos-o-famigerado-ai-5-13-de-dezembro-de-1968/. Acesso em: 25 jan. 2024.

pelo general do Exército Eurico Gaspar Dutra de 1946 a 1950, eleito pelo Partido Social Democrático (PSD), ainda que com o apoio do Partido Trabalhista Brasileiro (PTB). Getúlio Vargas, depois de sobreviver politicamente como senador pelo PTB, retornaria legitimamente à presidência para um último mandato encerrado por seu suicídio em 1954, interpretado como um ato político destinado a unir o povo brasileiro e denunciar a conspiração de seus inimigos, conforme declarado em sua carta-testamento. Os militares vinham exercendo forte pressão sobre o presidente, exigindo de novo a sua renúncia ou deposição. Em paralelo, a oposição liderada pela União Democrática Nacional (UDN) acusava Vargas de querer instalar no Brasil uma república sindicalista, aos moldes da argentina peronista. Também faziam parte da crise política acusações de corrupção, crítica midiática e oposição da opinião pública.

De fato, o surpreendente suicídio significou dez anos de dilação para uma nova intervenção dos militares, período abreviado talvez pela nova crise iniciada em 1961, com a renúncia do presidente Jânio Quadros após meros sete meses de mandato. Em meio à instabilidade institucional, o vice-presidente João Goulart — outrora ministro do Trabalho, Indústria e Comércio de Vargas — assumiu o cargo sob a forte contestação dos que temiam as suas inclinações políticas à esquerda. Vale dizer que em 1960 as eleições para presidente e vice-presidente corriam separadamente, de modo que a renúncia de Jânio criou um verdadeiro vácuo de poder. Diante do anúncio de João Goulart de pretender reformar a Constituição, encampar refinarias de petróleo particulares e desapropriar terrenos beneficiados com investimentos públicos — como estradas e açudes — para a reforma agrária, a sua repentina ascensão à presidência foi vista como uma ameaça à ordem e às instituições do país. Contra a sua agenda de reformas de base, anunciada no Comício das Reformas no Rio de Janeiro a 13 de março de 1961, 300 mil pessoas se mobilizaram em São Paulo, apenas uma semana depois, para a Marcha da Família com Deus pela Liberdade, promovida por entidades como a Campanha da Mulher pela Democracia (Camde). A ligação de Goulart com o sindicalismo e sua postura progressista levaram os ministros militares a vetarem sua posse, preocupados com o impacto de suas políticas no equilíbrio político e econômico do Brasil, especialmente no contexto da Guerra Fria e sob a influência da Doutrina de Segurança Nacional. Tal doutrina atribuía às Forças Armadas a responsabilidade de garantir a segurança e o desenvolvimento econômico, combatendo as ameaças consideradas internas, como a subversão e o comunismo. Essa atribuição de responsabilidades foi um dos pilares que fundamentariam, mais tarde, a intervenção militar e a posterior instauração do regime autoritário no Brasil, entre 1964 e 1985.

Dentre os defensores da ordem constitucional e da vontade popular expressa nas urnas contava-se Leonel de Moura Brizola, cunhado do presidente e, àquela época, governador do Rio Grande do Sul. Brizola interpretava a resistência dos militares a João Goulart como uma conspiração antinacionalista que servia para proteger trustes e monopólios americanos. A solução do impasse político acabou sendo o resultado de um acordo entre ministros militares e os legalistas. Estes últimos se apoiavam na Constituição de 1946 para defender a posse de Goulart. Desta feita, implantou-se no Brasil um sistema parlamentarista para limitar os poderes presidenciais e transferir parte deles para um primeiro-ministro. O sistema perdurou três anos, até que Goulart tivesse seu mandato cassado pelo Congresso Nacional, a 2 de abril de 1964, com a justificativa de ter abandonado o país, o qual estava sublevado desde 30 de março. Uma semana depois, os ministros militares, reunidos em junta governativa, outorgaram o Ato Institucional que suprimiu as eleições diretas para a Presidência da República, em nome da "revolução vitoriosa", investida "no exercício do Poder Constituinte". Como diz o próprio texto instituinte,[2] traduziam "não o interesse e a vontade de um grupo, mas o interesse e a vontade da Nação". No entanto, a esse primeiro Ato viriam a suceder outros dezesseis diplomas que reforçariam o autoritarismo do ponto de vista jurídico, estendendo o regime excepcional por vinte anos.

O fino olhar de um democrata

O primeiro instantâneo capturado por Orlando Brito, quando ele tinha apenas dezesseis anos de idade, foi do presidente Humberto de Alencar Castello Branco. O que alguns chamariam de sorte, Brito transformaria em oportunidade e em aprendizado. Não foi à toa que estivesse preparado para registrar o momento em que o marechal visitava o arcebispo de Brasília, José Newton de Almeida Baptista. A sede da sucursal do jornal *Última Hora* ficava ao lado da residência do prelado, e Orlando Brito, que começara

---

[2] PRESIDÊNCIA DA REPÚBLICA. Casa Civil. Subchefia para Assuntos Jurídicos. Ato Institucional n. 1, de 9 de abril de 1964. Disponível em: https://www.planalto.gov.br/ccivil_03/ait/ait-01-64.htm. Acesso em: 25 jan. 2024.

a trabalhar como contínuo da redação no ano anterior, já tinha passado a atuar no laboratório revelando fotografias. Tendo sido presenteado pelo seu primo com uma Pentax X, calhou ser o único presente no jornal, no dia daquela visita, com uma câmera nas mãos. Afortunadamente, a fotografia do presidente foi tirada e depois publicada, dando início à sua meteórica carreira jornalística; desde então aprendeu, em suas próprias palavras, "o peso de cada personagem, a importância de cada fato e a relevância de cada gesto".[3] Essa experiência foi crucial para o começo da sua carreira, já que despertou nele o encantamento pela documentação visual política e o desejo de se tornar um fotógrafo com rigor estético, unindo a importância da notícia ao prazer de capturar as imagens.

Aludindo àqueles anos, Elio Gaspari descreveria Orlando Brito, seu colega na revista *Veja*, como "um fotógrafo que registrou a ditadura com o fino olhar de um democrata".[4] Com efeito, durante o regime militar no Brasil, os fotojornalistas desempenharam um papel crucial na documentação e denúncia dos abusos políticos. Suas imagens foram vitais para expor a repressão, a censura e a violência que marcaram o período. No entanto, os jornalistas também enfrentaram restrições à sua liberdade de expressão, perseguição e, em alguns casos, até mesmo prisão ou tortura. Apesar dessas adversidades, muitos persistiram em documentar as violações de direitos humanos, contribuindo para a mobilização social contra a ditadura.

---

[3] Citado por: BONI, Paulo César. *Discursos fotográficos*, Londrina, v. 11, n. 18, p. 215-235, jan.-jun. 2015, p. 220.

[4] GASPARI, Elio. *A ditadura encurralada*. O sacerdote e o feiticeiro. Rio de janeiro: Intrínseca, 2014, p. 346.

A primeira grande dificuldade vivenciada por Orlando Brito ocorreu um ano depois da sua fotografia de estreia. Já contratado pelo *Última Hora* como jornalista, participou de uma expedição, promovida durante o governo Costa e Silva, para repórteres estrangeiros. O objetivo era percorrer o Norte do país e conhecer aldeias indígenas. Mas, enquanto estava em Porto Velho, capital do então território federal de Rondônia, Orlando Brito recebeu a notícia de que a sua sucursal de Brasília tinha sido fechada: ele ficava automaticamente desempregado.

O jornal *Última Hora*, desde sua fundação em 1951, estivera envolvido em controvérsias, quer pela origem russa de seu fundador e gestor, Samuel Wainer, quanto pelas acusações de corrupção por favorecimento durante o governo Vargas. Tinha sido, aliás, um dos poucos veículos a defender João Goulart em 1964, o que levaria a tentativas de empastelamento no Rio de Janeiro e no Recife.[5] Quanto a Orlando Brito, ele teve a sorte de conhecer, na viagem de volta, de Porto Velho a Cuiabá, um repórter que o convidou a trabalhar no jornal *O Globo*. Desde o início, assumiu o papel de fotógrafo da sucursal de Brasília. E nesse seu novo emprego permaneceria catorze anos, ganhando experiência profissional, reconhecimento público e autoestima.

Um elemento foi essencial para o amadurecimento do jovem jornalista: a percepção de que havia um fosso muito grande entre poder e sociedade. Seu pai, que era baiano, tinha ido para Minas Gerais e se tornado prefeito de Janaúba, cidade em que se casou e onde Orlando Brito nasceu. O magnetismo de Juscelino Kubitschek fizera com

---

[5] Cf. MEDEIROS, Benício. *A rotativa parou!* Os últimos dias da *Última Hora* de Samuel Wainer. Rio de Janeiro: Civilização Brasileira, 2009.

que a família se mudasse para Brasília, a recém-inaugurada capital. Por ser um rapaz de poucas posses, notava a grande distância entre o centro do poder e o povo da periferia. Por outro lado, se os jornais deveriam existir para tornar a política acessível ao cidadão, então não bastaria que os fotógrafos fossem bons. Portanto, seria missão do fotojornalista realçar a importância das notícias com o cuidado pelo visual, o rigor estético, o esmero das imagens. Tal foi a missão profissional que Orlando Brito quis assumir.

Mas é preciso frisar um detalhe: as reportagens e as matérias produzidas no Brasil durante os chamados Anos de Chumbo viriam a se tornar registros históricos essenciais, contribuindo para a memória coletiva do período da Ditadura Civil-Militar. O trabalho jornalístico seria fundamental para preservar a história e testemunhar a verdade, além de impulsionar a luta por justiça e democracia no país.

Os Anos de Chumbo e as violações de direitos humanos

"Anos de Chumbo" ou "Tempos de Chumbo" são expressões criadas posteriormente para fazer referência à "Era da Repressão", isto é, a essa fase da Ditadura Civil-Militar de maior coerção, geralmente associada à publicação do Ato Institucional n. 5, em 13 de dezembro de 1968, que concedeu ao governo amplos poderes para cassar direitos políticos, suspender *habeas corpus* e censurar a mídia. Foram sufocadas as tentativas de mitigar o regime e de retornar às eleições diretas por meio de manifestos da oposição, estimuladas quer por movimentos de trabalhadores ou estudantes, quer pela Frente Ampla, liderada pelo antigo governador da Guanabara, Carlos Lacerda, com o apoio dos ex-presidentes Juscelino Kubitschek e João Goulart, ambos exilados.

Os Anos de Chumbo se prolongaram enquanto Emílio Garrastazu Médici esteve no poder, até 1974, representando a linha dura do regime. Contudo, ao mesmo tempo que acontecia o "Milagre Econômico", momento de grande crescimento da economia brasileira, intensificavam-se as denúncias de crimes cometidos pelos militares. Órgãos de segurança do Estado, como o Departamento de Ordem Política e Social (Dops) e o Destacamento de Operações de Informações — Centro de Operações de Defesa Interna (DOI-Codi) tornar-se-iam símbolos da repressão, por terem realizado prisões arbitrárias, torturas e assassinatos de opositores políticos. A denúncia das violações de direitos humanos foi conduzida por diversos meios e agentes da sociedade civil, com destaque para a Anistia Internacional e a Comissão Interamericana de Direitos Humanos, que produziram relatórios detalhados sobre as violações ocorridas, fundamentando e documentando os abusos, e pressionando por justiça e reparação. Concomitantemente, houve forte atuação de religiosos, advogados e defensores dos direitos humanos, assim como o registro de testemunhos e depoimentos de vítimas, familiares e ativistas. Diversos grupos e indivíduos se mobilizaram em defesa dos direitos humanos e da justiça social, buscando denunciar as violações cometidas pelo Estado e defender os direitos das vítimas da repressão. Organizações da sociedade civil, como a Ordem dos Advogados do Brasil (OAB), a Comissão de Justiça e Paz, a Comissão de Familiares de Mortos e Desaparecidos Políticos, entre outras, desempenharam um papel fundamental por meio da denúncia, da assistência jurídica às vítimas e de campanhas pela justiça e pela memória.

Além de estados e municípios, cujos governantes eleitos foram destituídos, o próprio Congresso Nacional se viu significativamente impactado naquele período, chegando a ser fechado, o que permitiu ao regime governar de forma autoritária, sem o conveniente contraponto do poder Legislativo. Durante a ditadura, diversos parlamentares foram cassados ou tiveram seus mandatos políticos suspensos, por se oporem ao regime. A reabertura gradual do Congresso Nacional implicaria diversas restrições políticas, controlando a sua atuação legislativa, utilizada para aprovar leis autoritárias.

A censura foi ampla nos Anos de Chumbo, afetando a liberdade de expressão e restringindo a criatividade dos artistas e produtores culturais. O Decreto Leila Diniz,[6] por exemplo, instituiu a censura prévia para peças de teatro a partir de 1970. Similarmente, o papel do jornalismo durante esse período foi complexo e controverso. Mas mesmo tendo sido alvo de perseguição, houve jornalistas e veículos de imprensa corajosos que resistiram à pressão do governo, tornando-se importantes fontes de informação e denúncia sobre a repressão política e a violação dos direitos humanos. Isso era muito arriscado, pois a legislação de Segurança Nacional[7] continha disposições bastante duras que responsa-

---

[6] PRESIDÊNCIA DA REPÚBLICA. Casa Civil. Subchefia para Assuntos Jurídicos. Decreto-lei n. 1077, de 26 de janeiro de 1970. Disponível em: https://www.planalto.gov.br/ccivil_03/decreto-lei/1965-1988/del1077.htm. Acesso em: 25 jan. 2024.

[7] CÂMARA DOS DEPUTADOS. Decreto-lei n. 314, de 13 de março de 1967. Disponível em: https://www2.camara.leg.br/legin/fed/declei/1960-1969/decreto-lei-314-13-marco-1967-366980-publicacaooriginal-1-pe.html. Acesso em: 25 jan. 2024. Decreto-lei n. 898, de 29 de setembro de 1969. Disponível em: https://

bilizavam criminalmente o editor, o proprietário do jornal e o jornalista pela veiculação de notícias ou opiniões tipificadas como ameaçadoras. Além disso, era ilegal perturbar sessões legislativas, julgamentos e conferências internacionais, ou distribuir propaganda subversiva.

Orlando Brito pôde testemunhar a tortura de uma vítima enquanto acompanhava o treinamento de um grupo militar. Com cautela, revelou os negativos antes que o material fosse enviado para a sede de *O Globo* no Rio de Janeiro, conservando consigo uma cópia, só publicada muitos anos depois. Como ele mesmo contou, o general Orlando Geisel, irmão do futuro presidente Ernesto Geisel, e então chefe do Estado-Maior das Forças Armadas, "[...] queria saber que diabos era aquilo, como que alguém havia 'aberto' os exercícios daquele grupo para um jornalista e um fotógrafo. Fui chamado lá no BGP [Batalhão da Guarda Presidencial] e só saí de lá três dias depois. Não chegaram a me bater, nem sequer me botaram em uma cela, eu fiquei lá isolado em uma sala, mas esse material nunca foi publicado. E sabe por que esse material rendeu tanta ira? Porque um mês antes Dom Helder Câmara havia feito denúncias de tortura no Brasil".[8]

Revolução documental detrás das lentes

Na mesma época em que Orlando Brito construía a sua história pessoal com a fotografia, o trabalho historiográfico

---

www2.camara.leg.br/legin/fed/declei/1960-1969/decreto-lei-898-29-setembro-1969-377568-publicacaooriginal-1-pe.html. Acesso em: 25 jan. 2024.

[8] Entrevista dada a Paulo César Boni, doutor e pós-doutorando em Ciências da Comunicação pela Universidade de São Paulo (USP), 2015.

vivenciava a sua "revolução documental". Nos anos 1960 — no contexto das viradas pós-modernas do Ocidente —, também o ofício do historiador era impactado pelo movimento em prol de uma nova abordagem das fontes. Na esteira da proposta de ampliação das fontes da École des Annales, questionava-se o domínio exclusivo da escrita como referência histórica e era defendida a inclusão de outras formas de expressão como a fotografia, por exemplo. Simultaneamente, propunha-se uma abordagem quantitativa de fontes seriais para ampliar o escopo das pesquisas históricas.

No que concerne à imagem, ela não tem uma função meramente ilustrativa. Ao conservar rastros de aspectos da vida quotidiana, das atividades humanas, dos costumes sociais, ela constrói a memória coletiva e salvaguarda as experiências individuais. O historiador também se interessa pelas imagens em si mesmas, pois operam como representações sociais e expressões culturais. Nesse âmbito, a fotografia desempenha um papel crucial, em função de sua abrangência. Em primeiro lugar, porque permite a visualização de detalhes relativos ao estilo de vida e à moda, infraestrutura urbana, condições de trabalho e lazer etc. Depois, porque aponta tendências, anseios e expectativas. Em tal contexto, o papel do jornalismo e da fotografia foi essencial para documentar os períodos de instabilidade política e violações dos direitos humanos no Brasil, apesar das restrições e perseguições enfrentadas pelos profissionais da área. As imagens capturadas por repórteres como Orlando Brito se tornaram registros históricos essenciais, contribuindo para a memória coletiva e impulsionando a luta por justiça e democracia no país.

Com o tempo, Orlando Brito passou a ser considerado um "ícone do fotojornalismo": ganharia onze vezes o Prêmio Abril de Fotografia e seria o primeiro brasileiro a receber o World Press Photo Prize do Museu Van Gogh, em Amsterdã. De fato, suas fotografias não apenas capturaram eventos: revelaram a verdade por trás das lentes, expondo as contradições nas entrelinhas da narrativa oficial. Sem dúvida, Brito foi devotado ao seu trabalho, que realizava com o capricho dos amantes. Contudo, ele tinha consciência de que "a leitura de uma fotografia depende da imagem e de palavras",[9] porque por detrás de cada positivo há uma história de experiências, oportunidades e escolhas. Por isso é que ele se lançou a escrever livros, a fim de contar o que via detrás da câmera. Ao todo foram seis obras, produzidas entre 1981 e 2006.

Tal franqueza é expressiva. Orlando Brito não exaltava a sua carreira nem atribuía a seu trabalho um status superior a outras contribuições. Efetivamente, dentre os principais tipos de testemunhos históricos, enumeram-se os documentos escritos, úteis para compreender a linguagem, a cultura e as práticas sociais de uma época; os documentos orais, significativos para entender a memória colctiva e as experiências individuais de um determinado grupo social; os documentos sonoros, que dão acesso aos debates políticos e culturais de certo período; e os documentos visuais, que expõem a estética, a iconografia e a geografia de uma determinada época. Ao trabalhar com esses fragmentos do passado, os historiadores realizam um processo crítico de análise pelo qual avaliam o ciclo de produção, circulação e

[9] Ibidem, p. 231.

consumo dessa documentação, a fim de captar o contexto em que foram criados e como foram utilizados. No mesmo sentido, uma narrativa histórica coerente e fundamentada precisa considerar a especificidade de cada testemunho e estabelecer a sua relação com outras fontes.

Desta feita, o legado de Orlando Brito, reunido e interpretado por ele mesmo — ao antecipar o trabalho de seleção de fontes, avaliar a representatividade dos testemunhos e revelar o viés da sua própria produção —, tornou-se ainda mais rico para quem estuda a história recente do Brasil.

Soldados do Batalhão da Guarda Presidencial em exercícios de tortura.

Corpo à beira do rio Araguaia.

11
Vestígios do chumbo
João Vicente Goulart

"Tempos de Chumbo", sinônimo de exílio, de saudades de uma pátria distante, de lutas e desafios, de olhar o céu azul e imaginar que ele desmaterializa fronteiras, e nos faz sentir que as flores que existem aqui, também são as mesmas que existem lá.

Estrangeiro, caminhante de passos lerdos, vigilantes da perseguição, dos leões e das hienas, na floresta verde que nunca fica para trás. Distante, de tempos inalcançáveis que nunca haverão de voltar.

E os amigos companheiros? Onde ficaram os seus restos, que até hoje, sessenta anos depois, maculam no esquecimento e transbordam na memória, de mães que ainda esperam?

Brasil, aqueles que abriram o caminho da liberdade não serão esquecidos pela democracia, basta não temer o confronto.

Familiares dos desaparecidos da Guerrilha do Araguaia protestando nos corredores do Congresso em busca das vítimas, 1973.

Simpática e inusitada aproximação do cineasta Glauber Rocha ao General Figueiredo, 1980.

Por apenas 22 votos, a Proposta de Emenda à Constituição, que previa eleições diretas para Presidente da República, foi rejeitada na Câmara dos Deputados.

12
A defesa da democracia exige a despolitização dos quartéis

José Dirceu

"Eu tinha dezessete anos quando ocorreu o golpe de 1964. Participei da resistência à ditadura no movimento estudantil e, depois, na luta armada. Reconquistar a democracia exigiu muita luta popular e dos trabalhadores. Mantê-la é missão permanente. Mas só teremos uma democracia estável quando despolitizarmos os quartéis. Essa é uma tarefa imediata."

Cresci nas Minas Gerais na era JK. Fui educado no espírito da liberdade dos confidentes e no nacionalismo. Tive o privilégio de viver em uma época e em uma família em que se respirava política. Meu pai, seu Castorino, tipógrafo e udenista da corrente do deputado Bilac Pinto, tinha como sócio um petebista getulista, João Mota. Cresci com minha mãe, dona Olga, louvando o brigadeiro Eduardo Gomes e ouvindo as estórias do João Mota sobre Getúlio.

Aos catorze anos fui para São Paulo fazer o científico, hoje ensino médio. E foi aí que me pegou o golpe de 1964; eu trabalhava na praça da República no escritório de um deputado e fazia o preparatório para o vestibular de Direito, quando fiquei sabendo que os militares tinham tomado o poder. Eu tinha dezessete anos e me tomou uma profunda tristeza; eu apoiava o governo Jango e suas reformas. Dois anos antes tinham acontecido a renúncia do Jânio Quadros, que deixou meu pai, janista roxo, desconsolado, e a posse de João Goulart, vice de Jânio, que as forças golpistas e conservadoras tentaram impedir a qualquer custo. Ela só aconteceu graças à reação de Leonel Brizola, que governava o Rio Grande do Sul e se levantou em armas com apoio popular e da Brigada Militar, e de parte do III Exército, e à mobilização sindical e popular pela Rede de Rádios da Legalidade. Impediu-se o golpe, mas a posse de Jango foi condicionada à introdução do parlamentarismo no país.

Impedir a posse de Jango não foi a primeira tentativa da direita conservadora, liderada pelo latifúndio, pelos jornais que representavam os interesses das elites basicamente rurais e do capitalismo dependente dos Estados Unidos e pela embaixada norte-americana no país. Em 1950, tentaram transformar a vitória de Getúlio em derrota, alegando que não obtivera 50% mais um dos votos, o que a Constituição não exigia; depois, fizeram uma campanha sórdida para apeá-lo do poder, pressionando-o tanto que, em 1954, suicidou-se para não assinar uma renúncia desonrosa. Quem impediu o golpe foi o povo que saiu às ruas em todo o Brasil e, no Rio de Janeiro, empastelou todos os jornais da direita e invadiu e depredou todas as sedes partidárias. Nas eleições de 1955, venceu Juscelino Kubitschek com Jango de vice; os militares mais a UDN, jornais da direita e as forças do latifúndio tentaram um golpe para impedir sua posse. Novamente fracassaram pela intervenção militar do general Lott e de parte do Estado-Maior do Exército, que ainda enfrentou mais duas tentativas de golpe: os levantes de oficiais da Aeronáutica de Aragarças e Jacareacanga.

JK governou, construiu Brasília, consolidou as indústrias de bens duráveis e automobilística, ainda que com a participação do capital estrangeiro, mas perdeu a sucessão. O general Lott foi derrotado por Jânio, apoiado pelos militares e pelas mesmas forças políticas conservadoras. Mas seu vice, Jango Goulart, herdeiro de Getúlio e petebista, foi eleito. Naquela época, a eleição de presidente e vice era separada.

Com a renúncia de Jânio, uma manobra para instalar uma ditadura civil que deu errado, abriu-se caminho para retomar o fio da história e a agenda de reformas iniciada com Getúlio e em parte seguida por JK. A essa iniciativa Jango deu no nome de Reformas de Base. Ele não teve trégua no período em que governou, de setembro de 1961 a 1º de abril de 1964, sempre acossado pelas forças de direita. A aliança militar, udenista, católica e agrária, com ampla cobertura da mídia de direita e apoio explícito e estratégico da embaixada norte-americana, aproveitou os conflitos sociais próprios de uma democracia e da disputa por mudanças e reformas para criar as condições para a intervenção militar de 1964. No caldeirão montado para derrotar a democracia e as Reformas de Base, um dos ingredientes muito usado foi o discurso anticomunista para explorar o sentimento religioso do nosso povo, com as Marchas da Família com Deus pela Liberdade.

O começo do terror

Já em 1965, na faculdade de Direito da PUC, senti as consequências do fim da democracia: fechamento do Centro Acadêmico e da Associação Atlética, proibição de atividades políticas e literárias, como cineclube, feira de livros, debates e assembleias. Na vida profissional, o cenário era de arrocho salarial e crescimento do desemprego, fruto da política de austeridade e reformas da dupla Roberto Campos e Bulhões. A repressão contra o movimento sindical e as ligas camponesas foi imediata, assim como o expurgo nas Forças Armadas. Logo os partidos políticos seriam extintos e as eleições para presidente, governador e prefeito de capital, suspensas. E a mesma mídia que apoiara o golpe seria vítima da censura que se abateu também sobre a criação artística.

Minha geração não se entregou e não se calou, fez o que sempre devemos fazer – resistir e defender a democracia. Tão logo entrei na faculdade, comecei a participar das atividades estudantis de resistência; no mesmo ano, me filiei ao PCB.

Organizados, nós, os estudantes, retomamos os centros acadêmicos, realizamos eleições livres mesmo sob a repressão, fizemos os congressos da UNE em 1965, 1966 e 1967 — primeiro por decisão judicial e os outros dois clandestinos —, enfrentamos os planos da ditadura de privatizar o ensino ou submetê-lo ao modelo norte-americano da Usaid, fomos para as ruas clamar por liberdade e ensino público e gratuito, pela pesquisa científica e tecnológica, por uma reforma universitária. Apoiamos a luta contra a censura e a repressão, as greves operárias, e fizemos parte da revolução cultural que o país vivia: Cinema Novo, teatro de vanguarda, música popular e Jovem Guarda, movimento renovador nas artes plásticas e na literatura.

O movimento estudantil secundarista e universitário foi o catalisador da luta contra a ditadura, conseguiu apoio das classes médias e retornou às ruas dos tanques da ditadura e das cavalarias das PMs, manteve acesa a chama da liberdade e da luta social, em defesa da democracia. Diante do crescimento da oposição parlamentar popular e o reinício das lutas operárias, com as greves de Osasco e Contagem, reprimidas com ocupação das fábricas com tanques do Exército e tropas militares, e do início da resistência armada, a ditadura não vacilou. Sua resposta foi a edição do A-5, depois de reprimir o XXX Congresso da UNE com a prisão de todos os delegados e delegadas. O terror estatal foi organizado nos Doi-Codi, onde a tortura, o assassinato e o desaparecimento de opositores eram a norma.

Em 1972, com a vitória da Arena, partido do governo militar, parecia que o regime da repressão, da censura e do terror, apoiado em uma propaganda oficial que exaltava o "milagre econômico" da era Médici, tinha conquistado o apoio popular. Mas dois anos depois, em 1974, o MDB, o partido consentido de oposição, que abrigava um grande conjunto de democratas e mesmo militantes de esquerda, obteria uma vitória esmagadora, elegendo dezesseis dos 21 senadores e maioria da Câmara dos Deputados. Diante do novo cenário, com a pressão popular nas ruas e a nova correlação de forças, a ditadura foi obrigada a promover a chamada distensão política, lenta, segura e gradual, acenando com uma provável, mas remota democratização. O que não a impediu de aumentar a repressão contra grupos de esquerda e o movimento sindical.

A reorganização do operariado, a partir da oposição metalúrgica de São Paulo e dos metalúrgicos do ABC, fez surgir um novo sindicalismo, que a ditadura reprimiu mas não conseguiu calar. As greves operárias, com a entrada em cena da classe operária industrial do ABC e de Lula, com sua voz rouca e sua capacidade de negociar e liderar, desafiaram o governo militar. O ascenso do novo sindicalismo, a reconstrução da UNE e o fortalecimento do movimento estudantil, somados às vitórias eleitorais da oposição, romperam diques na estrutura conservadora e de extrema-direita que sustentava a ditadura.

Apesar da Lei Falcão e do Pacote de Abril, a ditadura não conteve o crescimento eleitoral do MDB, vencedor de novo das eleições de 1978, nem o movimento estudantil e popular. É bem verdade que o governo fez o sucessor de Geisel no colégio eleitoral montado com senadores biônicos e critérios de eleição manipulados, tudo para evitar a vitória no MDB. Mesmo elegendo o general Figueiredo, a ditadura entrava em seu ocaso. O PDS (Partido Democrático Social), herdeiro da Arena, foi derrotado nas eleições de governador em 1982, e a Campanha das Diretas, apesar da derrota da Emenda Dante de Oliveira, abriu caminho para a vitória de Tancredo Neves do MDB no mesmo colégio eleitoral em 1985; e para a grande mobilização popular, que nos deu a Constituição democrática de 1988 e as bases de um Estado de bem-estar social, setenta anos após a primeira grande greve geral operária do país.

Pouco antes, uma campanha pela anistia ampla tomou conta do país. Fora iniciada pelas mães e pelos familiares de vítimas da ditadura e presos políticos, de cassados ou demitidos de cargos públicos por razões políticas, muitos torturados e assassinados, outros no exílio ou na clandestinidade, como foi meu caso. Exigia a punição dos responsáveis pelos crimes cometidos em nome do Estado – tortura e assassinatos –, além do esclarecimento do destino dos desaparecidos. A anistia veio, mas com um gosto amargo de injustiça. Não atingiu os militares e civis responsáveis pelos crimes, não esclareceu as circunstâncias das mortes, nem puniu os responsáveis pelos assassinatos, torturas e desaparecimentos. A não punição dos golpistas e torturadores teria como principal consequência nefasta que nos assola até hoje a permanência do golpismo nos quartéis e a politização entre os militares.

A luta faz a lei

Quais lições devemos tirar dos Anos de Chumbo e de repressão e ausência das liberdades democráticas?

A luta faz a lei. Sem luta social e popular não teríamos reconquistado a democracia. E dela dependemos para avançar, pois ainda temos que banir o militarismo da vida democrática e pôr fim à politização nas Forças Armadas. Militares não podem em hipótese alguma fazer política, muito menos política partidária. Têm que cumprir seu papel constitucional de proteger o país sob o comando do poder civil, ou seja, do presidente da República, que é seu comandante em chefe de acordo com a Constituição.

Quando digo que nossa tarefa de assegurar a democracia não está concluída é que as Forças Armadas ainda não se convenceram dos limites de seu papel constitucional. Tanto que se envolveram no golpe contra a presidenta Dilma Rousseff; na negativa do STF em conceder o *habeas corpus* ao presidente Lula então vítima de um processo político, sumário e de exceção que o levou à prisão; na campanha que elegeu Jair Bolsonaro presidente e, depois, no seu governo, apoiando a politização dos quartéis. Com a derrota de Bolsonaro nas eleições de 2022, os militares chegaram ao ponto de permitir os acampamentos na frente dos quartéis, algo totalmente ilegal, e foram coniventes com as tentativas de invalidar o resultado das eleições presidenciais e com o frustrado golpe de 8 de janeiro de 2023.

Não há salvação fora da democracia. E mantê-la exige vigilância constante. Nosso histórico de ditaduras que duraram a metade do período pós-1930 até a promulgação da Constituição de 1988 é pedagógico. Ele nos ensina que, de tempos em tempos, os militares se insurgem contra o preceito constitucional da vedação da atividade política ou de seu lugar como instituição na República e sua submissão ao poder civil e à autoridade do presidente da República.

Outra lição que termos que ter em mente é a aversão das elites econômicas e políticas à eleição direta de presidente, governadores e prefeitos. Tanto que vira e mexe ressurge a campanha contra o presidencialismo. No passado, defendeu-se o parlamentarismo; recentemente, o discurso é pelo semipresidencialismo, cuja motivação é o temor do voto popular, da presença das maiorias populares na eleição dos cargos executivos, que historicamente têm dado o governo às forças progressistas ou nacionalistas, ligadas às reivindicações populares ou operárias, à soberania popular e à participação popular democrática como manda nossa Constituição.

Também não podemos nos esquecer que quando a democracia está em risco devemos nos aliar àqueles que se opõem à ditadura e prezam as liberdades democráticas. Não podemos abrir mão da frente política em defesa da democracia quando ela está em risco para aguardar o debate sobre quem governará ou arbitrará o conflito social e de renda, ou que formas terá o Estado Nacional para desenvolver o país. Estamos falando de uma Frente Única Democrática de aliados e não de iguais.

A regra constitucional da separação dos poderes deve valer para os três poderes. Nesse sentido, a politização do Judiciário, que em sua maioria foi cúmplice da Ditadura Militar de 1964 – os que se opuseram foram banidos, como ocorreu no interior das Forças Armadas —, também tem que ser combatida.

Precisamos de um Judiciário independente, mas que se atenha às suas funções constitucionais e não abuse de suas prerrogativas e funções. O Parlamento, por sua vez, deve se manter dentro de suas funções legislativas e não ultrapassar a linha divisória do ato de governar exclusivo do Executivo.

Por último não existe meia ditadura ou ditadura temporal, com data marcada para acabar. A ditadura só acaba com muita luta dos opositores, dor e sangue, às custas do sofrimento e do desamparo, do medo e do terror que impõe, das vidas que destrói, do atraso econômico, social e cultural a que submete os países e povos.

Assim, não podemos compactuar com aqueles que atentam contra a Constituição, sejam eles civis ou militares. Não podemos compactuar com a impunidade – quem praticou ou pratica crime deve ser julgado com o rigor da lei, nem mais, nem menos. Da mesma forma, os que lutaram e os que deram a vida pela democracia combatendo a ditadura devem ser cultuados como heróis, como exemplos para as gerações futuras.

Tancredo Neves e Franco Montoro no comício da praça da Sé, levantando a tocha da vitória.

O Brasil engessado pela barbárie.

13
1964: as instituições mudam, as elites se ajeitam, o sistema segue

Ladislau Dowbor

Cada um é de um jeito, e viveu o golpe à sua maneira. Vivi o suficiente para ver muita barbárie. O que fizeram com Vargas, o entreguismo de Café Filho, os absurdos do Jânio Quadros, Jango e a esperança de reformas de base, o golpe de 1964, mas também o golpe dentro do golpe que foi o AI-5, a anistia deformada, os avanços dos governos populares, a retomada da barbárie com o golpe de 2016, que na realidade começa em 2014. O novo respiro com a volta de Lula. Haja dureza para tentarmos chegar a uma sociedade civilizada! Ditadura? É importante lembrar que, ditadura ou democracia, quem segura as rédeas são as mesmas elites. Recorrem à ditadura quando acham necessário, soltam um pouco essas rédeas quando o terreno é plano. A sombra deles é longa, e sempre está por perto. E se estende desde o que hoje se chama o Norte Global, com a sempre presente atividade norte-americana. Não esqueçamos que apoiaram ditaduras em toda a América Latina. Fazemos parte de um sistema.

Sou economista. Minha principal área de interesse é a linguística, falo muitas línguas, li a Bíblia em hebraico, Dostoiévski em russo, Dante em italiano, Jorge Amado em português do Brasil e assim por diante. Sim, e Keynes em inglês, claro. Entrei na economia porque senti a necessidade de entender a nossa bagunça. Isso foi em 1963, no Nordeste dramaticamente desigual do Brasil. Com tanto sofrimento e miséria diante de opulentos magnatas da cana-de-açúcar, não pude deixar de sentir o absurdo. Quão profunda é a nossa capacidade de fingir que não vemos? Não foi porque estudei economia que me indignei: a indignação me levou a esses estudos. Encontrei as respostas? O que encontrei foi uma mistura de justificativas, em nome do livre mercado – você pode justificar qualquer coisa com bastante matemática e modelos – e construções idealistas. Ainda estou procurando. Não estamos todos?

No final de 1963, poucos meses antes do golpe, me inscrevi no serviço militar, como devia, pela idade, e porque sou brasileiro. Por alguma razão já tinham o meu nome, porque eu tinha colaborado com o MCP (Movimento de Cultura Popular). Era Recife, tempos de Miguel Arraes, de Ariano Suassuna, de Paulo Freire e de tantos que buscavam um mundo novo. Um oficial passou, olhou minha cara, comentou "vamos pegar esse filho da puta", e seguiu em frente. Já estavam se preparando. O filho da puta era eu. Aliás, eu acabei indo para o exterior, e meu pai me escreveu dizendo que estavam me procurando, porque eu tinha estudado russo no Centro Cultural, prova de subversão.

Eu saí do país antes do serviço militar, não por fugir do golpe, mas para correr atrás de Pauline, minha paixão, cujos pais a exilaram em Israel, punição por namorar um *goi.* Éramos moleques apaixonados; que nos importavam as maldições bíblicas! Com 230 dólares no bolso, no voo entre Recife e Lisboa, e depois "viajando a dedo", consegui encontrá-la em Eilat, na beira do mar Vermelho.

Que mundo é esse em que, para se apaixonar você, deve verificar os antecedentes religiosos? Os pais tinham mandado retirar os documentos dela para que não pudesse sair, e eu não podia ficar, por ser não judeu, e estar com visto de turista de três meses. E em Israel é proibido casar entre religiões diferentes. Conseguimos nos refugiar num lugar perdido à beira do mar Morto, um experimento agrícola de condições duras, não pediam documentos, e estávamos rodeados de outros perdidos do mundo. Foi ali que ouvimos no rádio a notícia do golpe de 1964 no Brasil, e vim a entender o xingamento do oficial; já estavam sabendo. Com raras cartas, fomos acompanhando impotentes as notícias das barbáries da ditadura. Ao fim de um ano, com documentos trambicados, conseguimos escapar para a Europa, onde passaríamos a viver juntos, ela estudando educação com Piaget em Genebra, eu, economia em Lausanne. Com bons banqueiros. Sempre me interessei por bancos.

A vida não é novela. Eu vim participar da luta armada no Brasil, passei por todos os dramas, luta, prisões, tortura, exílio. Refugiado na Argélia, trocado pelo embaixador alemão, conheci tantos movimentos de luta, da América Latina, os Panteras Negras dos Estados Unidos, que ali tinham representação oficial, os movimentos de independência africanos, o MPLA de Angola, o ANC de Mandela, a representação do vietcongue, os palestinos. Reencontrei Miguel

Arraes, também refugiado na Argélia. O mundo à procura de civilização, lutando contra a opressão, o colonialismo, o apartheid, estava representado ali, os argelinos também tinham pago com sangue a sua independência, se sentiam solidários. Pauline foi mandada para o Brasil, clandestinamente, para salvar um grupo de luta armada no Recife que tinha sido infiltrado. Chegou com o cerco fechado, morreu sob tortura. Eu sobrevivi. Já estávamos separados, por este mundo absurdo. A vida não é novela.

Sempre fazemos um pouco de retrospectiva. Tinha feito o dever de casa, estudado com os bons banqueiros na Suíça, e depois do exílio acompanhei as experiências de planejamento na Polônia socialista, no quadro da ONU auxiliei países em diferentes continentes, trabalhei até como consultor para o Secretário-Geral. A vida longa permite olhar o mundo. Assisti à descolonização, à ascensão dos direitos das mulheres, à erosão do apartheid na África do Sul, tantas esperanças. E atualmente me revolto com os dramas que se aprofundam, a desigualdade, a fome, o desastre climático, a perda de biodiversidade e toda essa violência. Mas isso não são estatísticas para mim, tenho 82 anos e ainda não suporto ver uma mãe com filhos dormindo em uma calçada de São Paulo, a cidade mais rica da América Latina, enquanto pessoas ocupadas e carros se deslocam de um lado para o outro. Que tipo de animais somos? *Humanidade?*

Assisto às notícias horripilantes sobre a calamidade Palestina/Israel. É uma questão de lados? Bem, todos os lados tentam trazer para a mídia a coisa mais horripilante que o "outro lado" fez, e temos uma escolha de bebês, crianças, mulheres, em um show de barbárie de ambos os lados, um torneio de notícias terríveis. Segundo quem é o dono do noticiário, teremos mais barbárie de um lado ou de outro.

E depois temos os comerciais, com caras sorridentes, lindas mulheres e as oportunidades que não devemos perder. Não olhe para cima. Do que se trata?

Cada um de nós viveu a sua própria história, e isso pesa. Nasci em 1941, na fronteira com a Espanha, por nascimento seria catalão. Durante essa guerra, na Europa, você não escolhia seu local de nascimento, nascia onde podia. Meus pais poloneses, um engenheiro e uma médica, escaparam da invasão alemã em 1939 pela fronteira sul e chegaram à França. Eles não eram judeus, mas se tivessem ficado na Polônia meu pai teria terminado, como engenheiro mecânico, em trabalhos forçados em fábricas alemãs. Mas os alemães invadiram a França, então meus pais fugiram para a fronteira espanhola, que estava fechada por causa de outra guerra, a tragédia espanhola que o mundo olhou com curiosidade, discutindo que lados tomar, no final dos anos 1930. Assim, nasci na fronteira espanhola, na França, de pais poloneses. De bebê acordava com bombas. Nessa guerra mataram 60 milhões. A Europa é muito civilizada.

Como família, estávamos presos nos Pireneus, meus pais e quatro filhos. Lembro-me, eu provavelmente tinha quatro anos, quando íamos para os campos com minha mãe colher *pissenlit,* um tipo de grama que você poderia razoavelmente comer ou usar para fazer chá. Muitas gangues buscavam a sobrevivência na bagunça geral, meu pai foi pego por algumas milícias armadas, torturado, mas sobreviveu. É impressionante como produzimos milhares de filmes glorificando guerras, soldados heroicos, belos tanques, bombas. Vende bem, os americanos adoram. Temos que fazer uma busca profunda para encontrar um filme sobre o que é para as famílias viverem em uma guerra. A miséria, o frio, a fome, a insegurança e a angústia permanentes. *Angoisse*, em francês, é uma palavra mais forte.

Não me falem em guerras. Nos mudamos para o Brasil porque meus pais, tendo vivido as duas Guerras Mundiais, haviam perdido a confiança na Europa e em sua barbárie de elevado nível cultural. *Haute culture*. Portanto, atualmente sou um economista brasileiro, morando em São Paulo, vendo as mais de 30 mil pessoas dormindo nas suas ruas, enquanto os Lemann da vida embolsam bilhões por fraude. Do meu Recife de 1963 para cá, mudou o quê?

A ditadura não só torturou e matou. Também assegurou que as massas empobrecessem, ao levar mais dinheiro para a elite e a classe média alta. Isso gerou o "milagre": criou-se a Belíndia, uma Bélgica dentro de uma Índia, como foi corretamente qualificado. Não há mistério econômico: muito dinheiro no topo da sociedade, às custas do resto do país, gerou demanda de carros elegantes, de belos apartamentos, de eletrodomésticos de ponta, um perfil de consumo coerente com o que as corporações multinacionais tinham para vender. Funcionou em termos de PIB, de luxo no topo, mas não em termos de bem-estar da população. Continuamos sendo dramaticamente desiguais. O golpe de 2016 não é muito diferente: com o Teto de Gastos, redução de recursos para a população, e explosão de recursos para a elite. Que equilíbrio fiscal é esse em que dezenas de milhões estão atolados em dívidas com a agiotagem generalizada, 33 milhões passando fome, enquanto os recursos do governo são drenados pela dívida pública, com a mais alta taxa de juros do planeta? Para os pobres, com o Bolsa Família, 170 bilhões; para os ricos, só com os juros sobre a dívida pública, 700 bilhões. Dinheiro dos nossos impostos. Têm nome novo, são "os mercados".

Somos bons em pensamento mágico. Será que os dramas vão simplesmente desaparecer? Na história, sempre deixamos as coisas apodrecer a um ponto em que a insegurança, as frustrações e a ganância evoluem para as formas ideais de liberar a pressão, por meio do ódio, da violência, dos golpes, da guerra. Acabei de ler um belo livro, *As Cruzadas vistas pelos árabes* (Vestígio), de Amin Maalouf. Não anticristão, apenas pesquisas sólidas nos documentos do Oriente Médio desses tempos, por volta do século XIII. As batalhas, a destruição, os massacres, os estupros, as humilhações. Por cristãos tementes a Deus, por xiitas, por sunitas ou entre si. Os dois séculos de guerras bárbaras foram seguidos pelas invasões mongóis. Mais massacres. A apropriação de riquezas alheias sempre fez parte. Inclusive queimar livros não era uma invenção nazista, na época já era um esporte por todos os lados. O ser humano é muito coerente.

Avancemos para 2024. Acabamos de sair da guerra do Afeganistão, com resultados trágicos para todos. E acompanhamos a guerra do Iraque, com a bagunça que vemos atualmente, e tantas mortes. Foi um engano, afinal não tinham armas de destruição de massa. E o drama líbio. No momento em que escrevo, temos a Ucrânia, claro – Zelinsky queixa-se de que o massacre do povo palestino nos está distraindo do seu palco –, mas a trágica guerra do Iêmen está fora de notícia, pois não são europeus brancos a morrer. E temos os massacres no Sudão, é claro, a África é tão instável! Já viram os milhões de refugiados, lutando por sobreviver, e até por água, vivendo em tendas improvisadas no vizinho Chade? Não aparecem no noticiário, é Terceiro Mundo.

Que curiosos os golpes no Mali, Níger e Burkina Faso! Por que não respeitam os processos democráticos? Bem, eu trabalhei nessas regiões, mais de sete anos. Vi milhares morrerem de cólera ao meu lado, será que o mundo não tem recursos e tecnologia para assegurar água potável? Bem, Bezos tem que fazer uma viagem ao espaço. Ele é um idiota? Zuckerberg? Larry Fink? Prefiro considerá-los idiotas de alta tecnologia, *hightech assholes,* em inglês soa melhor. Sim, sei que não se trata de uma categoria econômica. Mas não vemos o que está acontecendo no mundo, e com o mundo? O Brasil é tão diferente? Argentina, ontem com Videla, hoje com Milei? Os Estados Unidos, que ontem instalavam ditaduras no mundo, mudaram em algum aspecto?

Os humanos adoram narrativas. Você pode justificar qualquer coisa, e a humanidade é impressionantemente propensa a acreditar em qualquer coisa. Se há uma narrativa da qual temos que nos livrar, é que se você busca sua própria prosperidade, sem se preocupar com o que acontece com os outros, isso resultará em uma contribuição para o bem comum. É o coração do que chamaram de liberalismo, hoje neoliberalismo. De certa forma, a ganância individual resultaria em prosperidade geral. Vale tudo, é liberdade. Podem ostentar as fortunas, são um "sucesso". Os americanos repetem isso todo dia: *We're the best, fuck the rest,* versão popular do conceito de liberalismo econômico, resumo da economia dita ortodoxa. Bem, isso não funciona. A tecnologia avança, a sociedade não.

A dura realidade é que estamos destruindo nosso mundo pelo poder e as riquezas de muito poucos. Você tem que ser um idiota em Wall Street ou na City de Londres para acreditar que *Greed is good,* "a ganância é boa". Não é apenas um desastre para o meio ambiente que nos sustenta, é um desastre para a humanidade e, evidentemente, para a democracia. Bilhões de pessoas frustradas ao redor do mundo acreditarão em quem souber navegar na desinformação, na frustração e na raiva acumulada de tantos pobres, impotentes diante do seu destino. O mundo não carece de demagogos. Frantz Fanon, com *Os condenados da terra* (Zahar), já inspirava Paulo Freire, nos meus tempos de Recife. Mudou algo?

Como acreditar na narrativa das "externalidades", ou seja, a de que os que ganham dinheiro não são responsáveis pelos impactos indiretos do que fazem? Sim, produzimos armas, mas somos uma empresa, queremos segurança para as pessoas, e não puxamos o gatilho. Apenas produzimos armas e respondemos a demandas legítimas. O mundo está inundado de armas, rende dinheiro alto para os acionistas. Os resíduos de plástico estão inundando o planeta? Ora, as pessoas têm de aprender a usá-lo de maneira responsável, nos apenas produzimos, e geramos empregos. Os alimentos ultraprocessados estão gerando o drama da obesidade? Bem, as pessoas deveriam ler as etiquetas. Com a pandemia da obesidade, surge outra indústria para reduzir a obesidade. Está bombando, e custando os olhos da cara. Dividendos e lucros na Bolsa. Não seria mais razoável simplesmente produzir alimento saudável?

A financeirização está gerando fortunas espantosas, e afogando países, empresas e famílias em dívidas abusivas. Os consultores econômicos corporativos sugerem que quem se endivida deveria ser mais responsável. Shaxson vai direto ao ponto: "Precisamos de financiamento, mas na medida em que a sua contribuição para nossa economia não seja de criar bilionários e grandes fortunas, e sim de fornecer serviços úteis para nós, a um custo razoável" (p. 12).[1] Mas estamos diante de gigantes financeiros, e eles financiam o que quer que lhes dê mais dinheiro, quaisquer que sejam

[1] SHAXSON, Nicholas. *The Finance Curse: how global finance is making us all poorer.*

os dramas sociais ou ambientais. Eles estão seguros, grandes demais para quebrar. Assegurados por nossos impostos, quando necessário. O que as corporações e economistas do sistema chamam de "externalidade" é internalizado na nossa pele. E quem financia os golpes para derrubar qualquer política voltada ao bem comum são eles. No Brasil, as fases democráticas foram intervalos entre regimes opressivos. A elite do atraso sempre presente.

Marjorie Kelly, como tantos economistas hoje em dia, separa o setor financeiro (PIB do setor financeiro) e o crescimento do resto da economia (PIB do setor real), "que é a economia real de empregos e gastos com bens e serviços. Quando separamos esses dois, vemos que cerca de um terço do PIB está sendo extraído pelas finanças. E essa extração é muito maior do que no passado" (p. 147).[2] Calculei os números correspondentes para o Brasil, e cheguei mais ou menos ao mesmo número: mais de 30% do PIB drenado pelo rentismo financeiro improdutivo.[3] Este deveria ser um mundo de capitalistas se esforçando para ganhar dinheiro nos servindo melhor. Mas eles que estão se servindo. A Oxfam apresenta o quadro real: "Nos termos atuais, os países de renda baixa e média-baixa serão forçados a pagar quase meio bilhão de dólares todos os dias em pagamentos de juros e dívidas até 2029. Países inteiros estão enfrentando falência, com os países mais pobres gastando agora quatro vezes mais pagando dívidas com credores ricos do que com saúde".[4]

---

[2] KELLY, Marjorie. *Wealth Supremacy: how the extractive economy and the biased rules of capitalism drive today's crises.* 2023.

[3] DOWBOR, Ladislau. *O dreno financeiro que paralisa o país: a farsa do déficit.* 2023.

[4] OXFAM. *Países mais pobres do mundo cortam gastos públicos em mais de 220 bilhões.* Oxfam, 9 de outubro de 2023.

Isso é mais da metade dos países mais pobres do mundo, 2,4 bilhões de pessoas.

Caso sejamos lentos em engolir as narrativas, podemos ser ajudados por *think tanks*, atualmente uma enorme rede mundial de construção de opinião. Shaxson nos traz "a organização ideológica mais influente", a Atlas Economic Research Foundation, bem como "a Fundação Templeton, financiada por Wall Street, as redes do magnata dos fundos de *hedge* Robert Mercer (um apoiador de Steve Bannon e *Breibart News*), e o que alguns chamam de 'Kochtopus' – o nexo tentacular de ligações políticas e financeiras financiadas pelos irmãos bilionários Charles e David Koch. Os membros da Atlas incluem o American Enterprise Institute, o igualmente influente American Legislative Exchange Council (ALEC), o Cato Institute, a Freedom Foundation, a Heritage Foundation e, no momento em que este texto foi escrito, mais de 180 outros. E essas são apenas as redes de financiamento nos Estados Unidos: a Atlas encheu o mundo com 475 instituições parceiras – e está crescendo". (p. 127) Uma operação cosmética planetária. Ler o *Estadão* ou a *Folha*, sem falar de outros, me dá simplesmente vergonha. *Greed is good?*

O sistema tornou-se disfuncional. Os interesses dominantes são atualmente globais, sejam as finanças, a comunicação, a informação, a apropriação de recursos naturais, o comércio de *commodities* ou o comércio de informações privadas. Mas não temos capacidade de regulação global, a não ser instituições internacionais enfraquecidas, herdadas da Segunda Guerra Mundial, há oitenta anos. Bretton Woods é uma vaga memória. Ainda temos autoridades verificando nossas bagagens em aeroportos internacionais, enquanto os fluxos econômicos reais são apenas entradas virtuais em computadores. E tantas finanças desonestas e paraísos fiscais, tantas vendas ilegais de armas, tantos oligarcas navegando na bagunça institucional e legal global. E golpes, sempre que necessário. Necessário para quem?

Sim, sabemos o que deve ser feito, temos isso nos ODS, nas ESGs, no Global Green New Deal, no Pacto Global. Mas estamos desamparados, apenas observando o mundo descendo pelas corredeiras e se aproximando das cataratas. Um lembrete: as tecnologias que dominamos e os recursos financeiros que desperdiçamos são mais do que suficientes para garantir que tenhamos o básico para todos, sem destruir nosso futuro. A ganância é para idiotas. E ver como estamos nos afundando nessa catástrofe em câmera lenta é de nos deixar doentes. *Hightech assholes*!

Caminhos? Está tudo escrito: uma sociedade economicamente viável, mas também socialmente justa, e ambientalmente sustentável. Eu aprendi os caminhos, tanto nos estudos de economia como nas experiências em tantos anos, inclusive na China. Em termos políticos, é assegurar o equilíbrio entre o setor público, o setor privado e a sociedade civil. Diante da ditadura, em 1970, eu escrevi *Os caminhos da vanguarda*. Paguei o preço. Hoje, mais modestamente, publiquei *Resgatar a função social da economia: uma questão de dignidade humana* (Elefante). Inclusive com quatro eixos de propostas para reconstruir uma economia digna deste nome. É possível.

Não somos um país pobre, como eu conheci tantos, destruídos pelos países hoje ricos. A conta é simples: o nosso PIB de 2022, 10 trilhões, divididos pelos 203 milhões que somos, equivalem a 16 mil reais por mês por família de quatro pessoas. E a conta é essa mesma. O nosso problema não é econômico, de falta de recursos, e sim de organização política e social. A tragédia de ter conhecimento de economia, para mim, é que a desgraça que estão fazendo, com discursos empolados, na mídia corporativa, ou com a bandeira nas costas, se torna transparente. E não é misterioso: se você orienta os recursos para os que mais deles necessitam, a massa da população, isso gera bem-estar, mas também demanda, o que estimula consumo e produção, os quais por sua vez geram tanto emprego como receitas para o Estado, que pode assegurar infraestruturas e políticas sociais, fechando a conta. Funcionou no New Deal americano, no Welfare State do pós-guerra, funciona na China, que tirou 600 milhões de pobreza ao mesmo tempo que o país se tornava uma potência econômica. E funcionou no Brasil de políticas distributivas. Será tão complexo entender que a economia deve funcionar para as pessoas?

Para mim, 1964 não passou. Tivemos recreios democráticos. A fase 2003 a 2013, com distribuição e um pouco de soberania, nos mostrou o que pode funcionar. O Banco Mundial a qualificou de *The Golden Decade*, a década dourada da economia brasileira. Mas as elites voltaram com "austeridade", em nome da "seriedade fiscal", uma farsa como outras tantas. Não precisaram de generais, mas sim, como sempre, do apoio norte-americano. A manipulação por fake news tornou-se uma grande indústria, vejam *A máquina do caos* (Todavia), de Max Fisher. Uma profunda desestruturação institucional, a irresponsabilidade de um Temer, a bandidagem de um Bolsonaro, mas antes de tudo uma reconcentração de renda e riqueza nas mãos das elites de sempre, com amplo uso da financeirização, o novo e mais poderoso instrumento de exploração. É a era do capital improdutivo. Dois setores se tornam centrais na economia, a exportação de bens primários e os lucros financeiros. Ambos drenam o país.

Em 2024, estamos novamente mostrando que a distribuição e a democracia podem funcionar, reconstruindo um mínimo de políticas econômicas que funcionam, nas frestas de poder político que a estrutura de poder das elites permite. Até quando? Com ditadura ou sem ditadura, o fato é que as elites reproduzem a desigualdade quando estão no poder, e nos momentos democráticos mantêm suficiente poder para ceder o mínimo. Na era do Jango, derrubaram a busca das "reformas de base", hoje travam as reformas estruturais de que necessitamos. No conjunto, nem desenvolvem, nem deixam desenvolver. Há ditados populares mais expressivos para esse tipo de política.

Referências

DOWBOR, Ladislau. *O dreno financeiro que paralisa o país: a farsa do déficit.* 2023. Disponível em: https://dowbor.org/2023/02/o-dreno-financeiro-que-paralisa-o-pais-a-farsa-do-deficit.html. Acesso em: 9 mar. 2024. Para uma reversão dessa tendência desastrosa, ver DOWBOR, Ladislau. *Resgatar a função social da economia* : uma questão de dignidade humana. São Paulo: Elefante, 2022. Disponível em: https://dowbor.org/2022/04/resgatar-a-funcao-social-da-economia-uma-questao-de-dignidade-humana.html. Acesso em: 9 mar. 2024.

KELLY, Marjorie. *Wealth Supremacy: how the extractive economy and the biased rules of capitalism drive today's crises.* Oakland: Berrett-Koehler Publishers, 2023. Disponível em: https://dowbor.org/2023/10/wealth-supremacy-how-the-extractive-economy-and-the-biased-rules-of-capitalism-drive-todays-crises.html. Acesso em: 9 mar. 2024.

OXFAM. *Países mais pobres do mundo cortam gastos públicos em mais de 220 bilhões*. Oxfam, 9 de outubro de 2023. Disponível em: https://www.oxfam.org/en/press-releases/worlds-poorest-countries-slash-public-spending-more-220-billion-face-crushing-debt. Acesso em: 9 mar. 2024. Ver, em particular, o relatório demolidor de janeiro de 2024: *Desigualdade S.A.*, jan. de 2024. Disponível em: https://www.oxfam.org.br/ forum-economico-de-davos/desigualdade-s-a/. Acesso em: 9 mar. 2024.

SHAXSON, Nicholas. *The Finance Curse: how global finance is making us all poorer*. Nova York: Grove Press, 2019. Disponível em: https://dowbor.org/2023/10/the-finance-curse-how-global-finance-is-making-us-all-poorer.html. Acesso em: 9 mar. 2024.

Presos políticos.

14
O Golpe de 1964: Um depoimento

Lincoln de Abreu Penna

Este artigo soma-se à homenagem ao grande jornalista cinematográfico Orlando Brito. Embora não o tenha conhecido pessoalmente, acompanhei sua trajetória profissional, voltada sempre para o interesse público e as denúncias contra as arbitrariedades multiplicadas durante a vigência da Ditadura Civil-Militar e empresarial.

Como depoimento de quem viveu os tempos que antecederam o golpe e a própria ditadura, reúno dados pessoais com a análise de historiador. Em razão dessa abordagem às referências a situações aqui registradas, suponho que possa dar conta do que me foi solicitado para este oportuno e necessário projeto alusivo aos sessenta anos do golpe.

A derrubada do governo do presidente João Goulart (Jango) foi arquitetada na mais sórdida conivência entre as correntes mais reacionárias do país e os grossos interesses externos, basicamente localizados nos organismos que formam o poder nos Estados Unidos, até então sede maior onde se hospedava o imperialismo, hoje presente nos principais centros econômicos e financeiros do mundo em razão do neoliberalismo, sua mais nova faceta.

Esse conluio produziu a junção de interesses internos com os externos, amparados por uma enxurrada de matérias propagandistas de indisfarçável cunho ideológico e de intuito conspiratório irradiadas nos diversos veículos de comunicação, com o apoio do Instituto de Pesquisas e Estudos Sociais (Ipes), criado em 1961 por um grupo de empresários e de oficiais da Escola Superior de Guerra (ESG) e com o apoio financeiro do Instituto Brasileiro de Ação Democrática (Ibad).

Eram frequentes nas salas de cinema os telejornais exibidos antes da projeção dos filmes, de modo a criar uma atmosfera de que vivíamos um clima conspiratório contra a nação e o povo brasileiro, movido como de costume pelo "perigo comunista" a rondar entre nós. O mesmo acontecia nos editoriais dos grandes órgãos da imprensa, embora em matérias mais comedidas, porém anunciando a ameaça de "comunização" em marcha e acolhida e, segundo eles, até comandada pelo governo de Jango.

Assim, o poder econômico e financeiro associado ao vendaval anticomunista em alta fazia crer que o Brasil conheceria um "ataque vermelho". É claro que esse discurso acontecia no cenário relacionado à Revolução Cubana de 1959, que dois anos após firmaria a opção socialista para dar rumo ao governo que superara a ditadura de Fulgencio Batista. Assim, as pressões sobre o governo reformista do presidente Jango e suas Reformas de Base se acentuariam.

Firmara-se aqui e em Washington a ideia de que o Brasil seria a próxima estação da Revolução na América Latina.

Esse bombardeio de material acusatório contra o legítimo governo brasileiro apostou numa insegurança da população para dar curso aos intentos conspiratórios de verdade. Era legítimo e legal o governo que Jango assumiria, dado que era o vice-presidente e, portanto, com a renúncia do presidente Jânio Quadros cabia a ele ocupar o Poder Executivo.

Mas a luta para que Jango assumisse a presidência foi um sinal de que o seu governo enfrentaria fortes oposições. Foi empossado mediante a emenda parlamentarista, que alterou a Constituição e introduziu o parlamentarismo, justamente para reduzir os poderes do Executivo, decisão que seria revista pelo plebiscito de janeiro de 1963.

A propósito, as últimas pesquisas de opinião quanto ao desempenho do governo de Jango não se mostraram desfavoráveis. Ele contava com uma considerável aprovação a despeito da campanha urdida contra ele com dados visando isolá-lo junto à opinião pública. Mesmo com a popularidade que ostentava, o plano para derrubá-lo já estava em curso, arrastando as camadas médias urbanas a aderirem às pregações golpistas lastreadas na defesa da família e da propriedade privada, e que aludiam a um suposto golpe continuísta arquitetado pelo presidente. Essa era a tese que corria solta nos principais meios de comunicação, de modo a incendiar ainda mais o clima político contrário aos projetos do governo, especialmente as Reformas de Base.

Essa aglutinação de forças tementes de uma guinada à esquerda foi responsável pelo golpe de Estado e contra a nação e o povo brasileiros mediante o ardil que consistia em promover uma "revolução democrática", cuja máscara cairia tão logo foram dados os primeiros passos dessa falsa redenção. Assim, desde o início o caráter antinacional, entreguista e antissocial se fez presente na pauta dos primeiros mandatários do regime, bem como a repressão sistemática passaria a atuar prendendo, torturando e assassinando patriotas que se opuseram aos golpistas travestidos de "revolucionários".

Como estudante e em seguida professor universitário, eu assumi a condição de resistente aos golpistas. Nas duas situações experimentei o cárcere, primeiramente como estudante logo após o golpe e depois como professor às vésperas de usufruir de uma bolsa de estudos concedida pelo governo francês.

Nessa segunda prisão, sob a responsabilidade do então Cenimar (Centro de Informações da Marinha), órgão extinto e que deu lugar ao SIM (Serviço de Informações da Marinha), permaneci vários dias em solitária, para depois ser continuamente levado ao Arsenal de Guerra para prestar depoimentos. Na propalada detenção "para averiguações", na realidade uma prisão política, sofri a mais dura tortura. Refiro-me aos gritos alucinantes de dor de combatentes torturadas e torturados, igualmente encarcerados naquela que originalmente fora uma ilha, a conhecida ilha das Flores. Essa foi a pior tortura que sofri.

Por que fora uma ilha originalmente? É que os presos nesse local, sob a gestão da Marinha, foram alojados nessa que na época era ainda uma ilha, hoje integrada ao município de São Gonçalo por terra, mantendo a mesma denominação. Antes do golpe era um local de acolhimento a imigrantes que, depois de uma quarentena, eram distribuídos pelo território nacional. Na ditadura foi transformada em prisão política, que não observava os princípios mínimos de uma cadeia comum, como visitação aos presos, por exemplo. Logo, nos deparávamos com uma situação própria de uma prisão política em tempos de furor da repressão.

Improvisada, a ilha tornara-se um lugar apropriado para submeter os presos ao isolamento e aos maus-tratos. Improvisada também porque convertera os soldados à condição de carcereiros e vigilantes, impróprias às suas funções, de modo a deixarem os mais sensíveis desses servidores numa condição desconfortável no exercício dessas tarefas. Na verdade, mais do que isso, configurava o terrível desvio de função desses jovens que serviam às Forças Armadas e que se constituíram em carcereiros a agirem de acordo com as ordens que recebiam.

Por outro lado, os presos trancafiados nas salas originalmente a abrigarem os imigrantes não tinham sequer direito ao banho de sol. Além de não ser uma regalia, as condições infectas dessas salas malcuidadas e com uma abertura mínima de basculantes quase sempre fechados não deixavam de ser uma maneira de fragilizar os que nelas se encontravam. Soube que mais tarde esse direito ao sol foi estabelecido.

Minha soltura ocorreu em virtude de uma declaração expedida pelo Consulado francês sediado no Rio de Janeiro confirmando a minha condição de bolsista. Fui aprovado poucos meses antes de minha prisão para gozar uma bolsa de pós-graduação concedida pelo governo daquele país. Eram os tempos em que a França destinava recursos e apoios a estudantes dos países que integravam o denominado Terceiro Mundo, ou seja, África, América Latina e o Sudeste Asiático.

Vale lembrar que na condição de bolsista eu passaria a estar temporariamente sob a proteção do governo francês, e, portanto, enquanto vigorasse a duração da bolsa tal condição me facultava apelar para que me apresentasse para dar início àquele período. Muito embora ainda fosse naquela ocasião cedo para pleitear esse direito adquirido, o funcionário do referido Consulado apressou, por carta dirigida ao I Distrito Naval, essa comunicação, o que me livrou de permanecer por um tempo que até hoje não sei se seria mais ou menos longo como preso político.

Nos interrogatórios realizados no I Distrito Naval, ou seja, no Cenimar, eram recorrentes não apenas as ameaças como as constantes ironias quanto ao tempo de detenção. Um dos inquisidores era o conhecido Chico Diabo, que tinha participado dos tempos do Estado Novo provavelmente como membro da temível Polícia Especial, cujo gorro vermelho identificava a corporação conhecida por sua truculência. Apesar dessa imagem, era hábil na formulação de perguntas as mais embaraçosas.

Farsantes, os golpistas buscaram iludir a opinião pública nacional e internacional de que o regime mantinha os procedimentos democráticos, razão pela qual, embora suprimindo os partidos políticos e introduzindo duas siglas permitidas, a Arena e o MDB, faziam questão de alternar os seus governantes por meio de um expediente fajuto, qual seja, a instituição de um colégio eleitoral para consagrar aqueles que tinham a confiança dos golpistas fantasiados de autoridades. Apesar de tratar-se de um expediente a violar as normas fundamentais da democracia representativa, o fato é que a ditadura jamais se preocupou com quaisquer contestações.

Nesse particular, uma das piores decisões do regime ditatorial foi a permanência dos poderes Legislativo e Judiciário, ambos parcial ou inteiramente submetidos ao tacão dos ditadores, a sofrerem as ações de constrangimento durante toda a vigência do regime, só levemente afrouxadas ao final, quando da tal transição lenta, gradual e segura, garantidoras da impunidade desses algozes.

Com isso, o Parlamento foi fragilizado e quando do retorno das liberdades democráticas padeceu de credibilidade, até hoje se debatendo para reconquistá-la. Diferente a situação se comparada às ditaduras do Cone Sul, Argentina e Chile, principalmente, cujos parlamentos fechados durante essas ditaduras renasceram fortes e foram responsáveis por uma transição mais aguda e digna do retorno à democracia ao punir aqueles que ofenderam a nação e o povo.

Em uma sociedade de passado colonial e neocolonial que ainda não se livrou totalmente da escravocracia, que reaparece a cada momento em nosso cotidiano, sem ter promovido as grandes e necessárias transformações rumo ao desenvolvimento inclusivo e libertador, ainda temos um longo contencioso a ser enfrentado.

Refiro-me a passar a limpo de uma vez por todas as sequelas da ditadura de 1964, que sob certos aspectos ainda coexistem, uma vez que não removemos as suas taras e práticas, que vão desde a violência contra a cidadania até a corrupção do nosso patrimônio. Crimes que têm sido costumeiramente atribuídos aos que combatem os saudosistas do regime autoritário e de viés fascista que imperou no Brasil e ainda tenta retornar, haja vista os atos de 8 de janeiro de 2023, atos antidemocráticos que devem ser um alerta permanente. Advertência que tem tudo a ver com as crises sistêmicas de uma economia de mercado que penaliza os que produzem.

Violência que hoje em dia, em plena vigência de uma democracia, ainda que reduzida a espaços e a contingentes sociais específicos, tem vigorado como método adotado pelos responsáveis pela segurança em nossas cidades grandes ou médias, sempre tendo como alvo as populações mais vulneráveis. Além de espoliadas, porque a essas comunidades é negado o conjunto de serviços públicos minimamente indispensáveis ao bem-estar dessas pessoas, ainda são agredidas em nome da ordem.

Sobre essa malta de cidadãos fardados agindo em nome do Estado há o estigma de que boa parte das pessoas que vivem em comunidades pobres está associada à criminalidade, quando por muitas vezes quem acolhe a criminalidade em seu seio está supostamente do lado da lei. Se essa situação é anterior ao regime que há sessenta anos se instalou no país, foi, no entanto, desde sua instauração de 1964 que as tensões sociais e políticas ganharam maior vigor e, como via de consequência, também maior grau de repressão e discriminação continuadas.

Todavia, é preciso deixar claro que a estratégia que durante os anos de 1960 e 1970 imperou na América do Sul, em particular, tem a ver com um desdobramento da economia capitalista para dar os primeiros passos rumo à adoção do que se convencionou chamar de neoliberalismo, o mesmo que retira direitos sociais, que assentou sua primazia a partir de então e que tem infelicitado o mundo do trabalho.

Com o neoliberalismo vieram as políticas de privatizações dos ativos públicos dos estados afetados pela sua implantação; o controle orçamentário com vistas a conter as espirais inflacionárias, de acordo com os seus ideólogos; a progressiva eliminação de direitos trabalhistas, de maneira a tornar ainda mais precária a situação dos assalariados de um modo geral; entre outras medidas ditas saneadoras que têm sido usuais nas economias periféricas ao sistema do capital, principalmente.

O tal período de crescimento virtuoso, por isso mesmo chamado de "Milagre Brasileiro" para o gosto do mercado, isto é, para os rentistas, que ocorreu entre 1969 e 1973, com índices muito acima da média internacional, provocou uma intensa concentração de renda, em uma sociedade já profundamente marcada pela desigualdade social.

Isso significou o alarmante aumento da pobreza associada à miséria. Herança, portanto, de um regime que infelicitou, como é sempre bom sublinhar, o mundo do trabalho, pela sonegação dos ganhos alcançados pelas conquistas das forças de trabalho organizadas em sindicatos combativos. Ou seja, pela progressiva substituição do setor secundário, particularmente as indústrias nacionais sucateadas ou privadas de apoio perante as de origem multinacional. Esse setor da economia deu margem ao crescimento espantoso da financeirização, isto é, as aplicações de recursos financeiros nos mercados de capitais, a provocar uma verdadeira febre alucinógena junto aos pequenos poupadores.

Essa etapa do capitalismo tem criado armadilhas que se convertem em problemas para os governos mais próximos das demandas populares em virtude de uma economia cada vez mais centrada nos polos onde se encontram as sedes das inversões de capital mundo afora. Os problemas decorrentes dessa nova configuração da atividade econômica mundial têm se tornado uma ameaça às soberanias nacionais. No Brasil, esse panorama, que passou a integrar mais intensamente os vínculos com a ciranda financeira mundial, também teve início com o regime da ditadura.

Mas, a despeito de esse quadro necessitar de regimes políticos subalternos – embora evocando os valores da pátria, que estaria correndo o risco de ser subjugada, discurso que garantiu no início a formação de uma base de apoio junto às classes médias, com a continuada perda de direitos e as denúncias de violações dos direitos humanos –, o regime conheceu um estreitamento dessa base de sustentação. Ampliou-se o conjunto das forças de oposição, e o isolamento da ditadura deixou-a insustentável.

As diferentes formas de luta somaram-se na rejeição à ditadura e, apesar de erros de condução por parte dessas forças de oposição, o que importa é que todas convergiram para a derrota do regime, responsável pelos inúmeros estragos à imagem do país. Porém, o que deve ser ressaltado de sua mais desastrosa passagem pela nossa história recente foi o agravamento das desigualdades sociais, em que os estratos sociais mais vulneráveis conheceram desde o empobrecimento até a exclusão social em ritmo e escala jamais vistos.

Nestes tempos de reconstrução nacional é necessário que se inclua esse legado não inteiramente equacionado deixado pela ditadura. Ocupou-se durante o processo de transição dos aspectos políticos e institucionais de modo a dar lugar à liberalização das práticas políticas, a começar pela democratização, que fez reencontrar Estado e sociedade. Contudo, há que se registrar o quanto foi ainda deixado de lado no que diz respeito à democracia social, aquela que deve zelar de forma sistemática pelas condições dignas de vida de nosso povo.

Superadas a ditadura e a sua institucionalidade, permanece, contudo, a tarefa de se promover a remoção de um enorme entulho autoritário, que, agregado ao passivo da subserviência, impede objetivamente a nossa verdadeira independência nacional e popular. Para tanto, é preciso que o passado que deu origem aos nossos problemas seja revisto para que de fato o superemos em definitivo, dos quais um golpe privilegiou os já privilegiados e agrediu sem limites aqueles que se opuseram aos mandantes de um crime de lesa-pátria e de lesa-humanidade.

Ilha das Flores, tomada pela ditadura

Palavras iniciais

Na passagem dos sessenta anos do golpe que implantou a Ditadura Civil-Militar com apoio e sustentação de uma poderosa base empresarial, cabe uma reflexão acompanhada de uma permanente advertência sobre as ameaças regressistas que rondam a sociedade brasileira e mundial. Por essa razão vale a pena o registro de uma experiência típica da truculência de regimes antidemocráticos, para não nos esquecermos.

Depoimento

No dia 21 de maio de 1969 fui preso em casa às sete horas da manhã por um comando do I Distrito Naval, situado no Arsenal de Guerra. Esse pelotão era constituído por um oficial da Marinha e cerca de seis fuzileiros navais, que, armados e sem mandado, invadiram a residência, vasculhando todos os cômodos. Na suposição de encontrarem armas, levaram somente livros de minha biblioteca considerados subversivos, como a Encíclica do papa João XXIII, *Pacem in Terris.*

Durante cerca de uma hora e meia mantiveram a mim e a minha mãe sob tensão, convencidos de que haviam estourado um aparelho, nome que se dava aos lugares onde se realizavam as reuniões clandestinas. De imediato, no entanto, o tal oficial se deu conta de que se tratava tão somente de uma residência familiar. O constrangimento espelhou-se em seu rosto e de pronto deu ordens para que eu fosse levado sob a escolta armada de fuzis desnecessariamente apontados em minha direção.

Meia hora depois me encontrava no Arsenal da Marinha e fui colocado em uma saleta, onde passei praticamente todo o dia sem ser ouvido até a noite. Nessa mesma saleta topei com um companheiro, o Louzada, também detido, e, sem que ninguém nos impedisse de conversar, assim ficamos por um bom tempo. Tanto ele quanto eu não sabíamos o que desejavam os nossos detentores. Cada um de nós, depois de um certo tempo, foi direcionado para algum lugar.

Quanto a mim, já tarde da noite, um sargento veio me buscar dizendo que eu seria embarcado para a ilha das Flores, e assim foi feito. O embarque se deu por volta das onze horas da noite, num barco em que se encontravam uns cinco ou seis fuzileiros.

Junto do sargento que me conduzia e no meio dessa gente dava para pensar o que poderiam fazer de mim. Perguntava a mim mesmo a razão de só me levarem para a ilha naquela hora. Não seria uma forma de se livrarem de mim? Pensamentos que ocorrem em situações como essa são até normais, embora um tanto altamente angustiantes.

A viagem porém, de cerca de uns vinte a trinta minutos, transcorreu sem maiores problemas, fora o evidente nervosismo da pequena tropa, a apontar permanentemente suas armas para mim, até que o sargento, ao perceber a situação, ordenou que todos baixassem os seus armamentos, por absoluta falta de sentido manterem-se tão atentos diante de alguém que não oferecia nenhum tipo de resistência. E, ato contínuo, o sargento passou a trocar ideias sobre a ilha onde eu permaneceria, informando, inclusive, que logo após a revolução (*sic*) ele já fizera várias viagens à ilha conduzindo diversos presos.

Amistosamente, pelo menos em aparência, descreveu ligeiramente o que era a ilha onde eu ficaria "hospedado". Procurou tranquilizar-me, e pude sentir isso, ao dizer que não era um presídio qualquer. Ali se encontravam militares que cumpriam ordens e certamente não me sentiria como um criminoso qualquer. Palavras de conforto que recolhi de bom grado, despedindo-me daquele homem que teve um comportamento digno de quem estava cumprindo ordens superiores.

Recebido por um outro sargento sediado na ilha, fui imediatamente conduzido à minha cela. Devido a seu passado como centro de triagem imigratória, as salas não tinham qualquer semelhança com as cadeias, haja vista que em vez de grades possuíam portas comuns, o que de certa forma me deixou até mais seguro ao lembrar das palavras do sargento que me conduzira até ali.

Claro que na primeira noite não consegui dormir, mais pela excitação de um dia pleno de incertezas e surpresas do que por precaução ou mesmo medo de que seria submetido a alguma tortura.

O local em que fui alojado era relativamente amplo, considerando tratar-se de uma cela. No entanto, a iluminação era precária, talvez propositadamente, não sei, e não havia janelas, apenas um basculante quase cerrado, que não permitia senão uma réstia de aragem e uma vista que era ainda possível desde que se escalasse a beliche para tentar vislumbrar algum movimento nas imediações. E assim, buscando acomodar-me naquela situação, permaneci durante uma semana sem ser molestado ainda e sem sequer ser ouvido. Era, a rigor, uma espécie de solitária, atenuada pelo espaço e pelas condições menos angustiantes das imagens que eu tinha de solitárias mais torturantes.

Recebera algumas instruções básicas habituais quando se detém alguém, desde o recolhimento de pertences como ouvir e acatar as normas de conduta, incluindo é lógico a comunicação para atendimento das necessidades fisiológicas, uma vez que a tal sala/cela não dispunha de vaso sanitário, que se encontrava no alojamento dos guardas de plantão tanto diurnos quanto noturnos. Bastavam dois toques na porta e de imediato eu era levado ao local onde também nos banhávamos, naturalmente.

Ocupar o tempo passou a ser um dever indispensável para suportar esse confinamento. O exercício da reflexão, da evocação de lembranças boas e da certeza de que nada tinha feito de errado, ao contrário, fortalecia a minha autoestima e fazia também passar o tempo, na certeza de que aquele episódio seria superado, ainda que as sequelas ficassem bem marcadas, como atesta este depoimento. E assim me conduzi buscando enxergar horizontes mais promissores.

Apesar da visibilidade limitada do basculante, eu conseguia enxergar uma paisagem que se tornaria imutável, só modificada quando aportava o barco a trazer ou os mantimentos ou novos presos políticos. De resto, a ilha me era até então desconhecida, mal tendo ideia de sua extensão. Tempos depois, ao visitá-la como ex-preso político por ocasião da presença da Comissão Nacional da Verdade, é que tive conhecimento de aquele ter sido um local em que os imigrantes permaneciam em quarentena até serem, depois de vacinados e identificados, despachados preferencialmente para o interior.

Na condição de detido no entanto, a iIlha só me facultava idealizá-la e me acostumar com a rotina infernal de um café da manhã aguado e com pão seco juntamente com uma banana, um almoço frugal a que com o tempo nos acostumamos e que era sempre aguardado, nem que fosse apenas para nos mantermos minimamente em condições de resistir àquela situação. De resto, a noite passava a ouvir os programas da rádio dos que montavam guarda no cais de embarque e desembarque. Geralmente ouvia a transmissão de jogos de futebol, e isso ocupava a noite.

Após a primeira semana é que fui conduzido para o primeiro interrogatório no prédio do I Distrito Naval, onde funcionavam as salas do Cenimar, órgão vinculado à repressão e sob o comando da Marinha, localizado no Arsenal de Guerra, próximo da praça Mauá, no Rio de Janeiro. Lá fui apresentado ao capitão de mar e guerra responsável pelo inquérito ou processo, dependendo de como supunha estar associado o meu nome. A recepção, como previa, foi marcada por um ar intimidatório, técnica que consiste em fragilizar o depoente, na certeza de que isso facilitaria o andamento do interrogatório visando a obtenção de informações.

Fui também encaminhado a uma outra sala, onde se encontrava um perito que pertencera à antiga Polícia Especial, de gorro vermelho, dos tempos do Estado Novo (1937-45), já havia algum tempo aposentado e servindo ao órgão da Marinha voltado para identificar os subversivos, alegadamente os comunistas. Esse policial era conhecido, não por acaso, como Chico Diabo, e se julgava especialista nas atividades do Partido Comunista Brasileiro, em sua história, na de seus militantes e em suas táticas e estratégias que diziam ser de seu domínio.

Sem dúvida, Chico Diabo era um pouco tudo isso que diziam dele, enfatizado inclusive pelo capitão. Sua fisionomia, no entanto, lembrava mais a de um tio velho, o que não se coadunava com o apelido que parecia não o incomodar. Não aparentava a truculência que outrora possivelmente tenha adotado para neutralizar toda e qualquer resistência às suas investidas. Se no passado agira assim, agora sua atitude era distinta. Levantava as informações que supunha deter sem que a elas se contestasse e procurava retirar informações banais para em seguida investir no que mais desejava, ou seja, informações sobre quem da direção do partido efetivamente mantinha contatos comigo.

Ele foi direto ao me dizer que sabia que eu era um militante do PCB e que tinha contatos com a direção do partido, e que ele precisava de informações sobre com quem me relacionava e quais eram as diretrizes que recebia dessa orientação vinda de membros da executiva. Sugeria que colaborasse para que não me prejudicasse e permanecesse por longo tempo até ficar tudo esclarecido quanto à minha participação, fato que não estava em discussão para não perdermos tempo. Na verdade, o que Chico Diabo queria era que eu delatasse quem eles já sabiam ser os tais dirigentes. No fundo, queriam imputar a mim um engajamento nas atividades do PCB, o que me recusei a admitir ao retrucar sempre ter sido apenas uma liderança estudantil.

Em minha defesa, propus que me esclarecesse que informações tão definitivas ele tinha a meu respeito. Fora uma reação de risco calculado, que de algum modo deu certo, porque passou a indignação de quem é surpreendido por uma acusação infundada. O relacionamento continuado após três interrogatórios que duravam no mínimo umas duas horas cada deixou-nos mais à vontade, a ponto de não mais nos deixar permanentemente com suspeição um do outro. O problema que me angustiava era outro.

Essa angústia consistia em que fosse do conhecimento do inquérito, e consequentemente do meu interrogador, o fato de que fora participar das comemorações dos cinquenta anos do Komsomol Leninista, que representava a juventude comunista, organismo que se espraiaria por todos os partidos vinculados ao movimento comunista mundial. Fundado por Lênin um ano após a Revolução de 1917, no mês de novembro de 1968 lá estava representando a juventude comunista brasileira. Essa presença, se conhecida, me comprometeria de vez.

Essa minha preocupação tinha, portanto, sentido, porque em meu passaporte havia um longo interregno entre a entrada e a saída de Paris sem que houvesse o carimbo de outra entrada dado que os viajantes de países que não tinham relações diplomáticas com a URSS e demais países da então comunidade socialista mundial eram cuidadosamente liberados desse carimbo.

Ora, no caso de viajantes clandestinos, isto é, entrados sob o sigilo para um encontro que devia ser mantido reservado, poderia despertar no mínimo a curiosidade quanto aos destinos desse período em que não havia nenhum registro de transbordo de um país a outro.

Assim, pensei, bastava consultar o meu passaporte para verificar essa lacuna, o que implicaria a indagação sobre o meu paradeiro durante esse período. Não sei se o serviço de informação do regime ditatorial brasileiro tinha conhecimento da minha escapada para honrar uma tarefa que me fora atribuída e que, embora pudesse recusá-la, não o fiz em nome do cumprimento da tarefa e do meu enorme interesse em fazer essa viagem, da qual não me arrependi nunca. Se em momento algum me foi perguntado sobre isso era porque realmente era um fato desconhecido dos agentes da informação.

Nos dias que correram, jamais tive na ilha o direito a banho de sol, algo que faz parte dos direitos de quem se encontra aprisionado. Tudo isso sem contar as agruras dos abusos cometidos pelos meus algozes que eram de certa maneira compensadas quando, ao sair dos interrogatórios e antes de retornar à ilha, almoçava no refeitório dos marinheiros e recebia simbolicamente a solidariedade desses jovens servidores militares, que ao passar pela minha mesa depositavam as suas sobremesas, uma fruta ou um doce, sempre com um aceno discreto me dando força. Saia de lá mais forte do que passara a me sentir à medida que passava o tempo.

As semanas se seguiam em oitivas improdutivas porque eram geralmente repetitivas, a insistir em acusações que rejeitava e que em geral também não eram refutadas mediante provas, tanto por parte do Chico Diabo quanto do capitão. Este certa vez propôs que me submetesse a um teste que consistia em receber uma injeção que liberaria as minhas defesas, o chamado "soro da verdade", cujo efeito neutralizaria os mecanismos de rejeição a qualquer bloqueio que me impedisse de dizer o que realmente sabia.

É evidente que recusei, sob diversas alegações, evocando, inclusive, o direito internacional, como se realmente tivesse conhecimento desse recurso legal, que na verdade não tinha. Mas era um argumento de defesa que se tornou eficaz porque a tal injeção não mais foi cogitada. Tratava-se de um recurso infrutífero. Àquela altura eu já me encontrava mais confortável, pois sabia que a caracterização de minhas atividades não incorria em graves crimes contra a segurança nacional, que era o mote pelo qual era instruído o tal processo que se esvaía em si mesmo. Passaria doravante a reafirmar o meu desejo de retornar, tão logo fosse possível, às minhas obrigações profissionais no magistério, ao mesmo tempo que demonstrava indignação diante dessa impossibilidade de exercê-las.

Enquanto aconteciam essas "entrevistas", como as chamavam os que me interrogavam, tive duas companhias de cela, após quase duas semanas isolado. Uma delas suspeita, tendo em vista tratar-se de um indivíduo supostamente detido para averiguações como eu mas que, no entanto, passou parte de sua presença ali comigo a indagar sobre informações a meu respeito e a pessoas que ele sabia que eu conhecia. Não era positivamente uma atitude de quem tinha compromissos com a segurança dos que se encontravam presos. Era conveniente manter a discrição, coisa que o tal indivíduo não demonstrou. Passados poucos dias, foi retirado da cela, sem obter as informações que desejava.

A outra foi bem diferente. Tratava-se de fato de um militante de origem operária, que depois de nos conhecermos, com o tempo de convivência, começamos a nos abrir, com a certeza de que não se tratava de ninguém plantado para filtrar informações. Altamente instruído politicamente, era, no entanto, analfabeto, e pediu-me se poderia ajudá-lo a dar início a um processo de alfabetização, pois tomara conhecimento do chamado método Paulo Freire. Disse que teria a maior alegria em fazê-lo, porém era preciso algumas ferramentas básicas de que não dispúnhamos, mas quem sabe poderíamos dar início mesmo com toda a precariedade daquelas condições.

Em conversa com esse companheiro, que era na verdade sapateiro de ofício, mas que gostava de ser tratado de operário, comentei que o som alto do rádio que ouvíamos da guarda parecia ter um objetivo que não seria o de agradar os presos daquele pavimento. Não passou muito e me toquei que a intenção era impedir que os gritos de companheiros torturados fossem ouvidos no pavilhão onde nos encontrávamos. Eram gritos alucinantes de mulheres e homens submetidos à tortura numa sala distante dos prédios que guardavam os aprisionados. Foi, sem dúvida, a pior tortura que sofri, pois nada pode ser comparado à impotência de barrar as atrocidades cometidas impunemente a um ser humano.

Com o passar do tempo descobrimos que as salas/celas contíguas dispunham de uma tomada comum, o que permitia que pudéssemos nos comunicar como se fosse um aparelho de escuta. Esse artifício foi descoberto por um oficial de dia que, como castigo, nos privou das cobertas e agasalhos em pleno inverno, que na ilha costumava chegar a temperaturas bem mais baixas do que no continente.

Nesse dia não pude conciliar o sono, assim com os demais presos sentenciados por essa medida. Esse é um exemplo de uma das pequenas medidas de violência contra quem já se encontra confinado e sob permanente constrangimento de toda sorte.

Essa concepção de represália é algo muito comum nas mentes voltadas para o combate ao inimigo. Afinal, nas instruções militares à época eram comuns recomendações das orientações para o combate aos inimigos da pátria, como eram chamados todos os que se opunham à ditadura. A própria abordagem de alguns oficiais, embora nem todos, era feita com base no grito e no tratamento virulento, geralmente acompanhados de uma vara de comando, para demonstrar não somente autoridade como a possibilidade de esse instrumento ser usado na hipótese de alguma atitude considerada desrespeitosa.

Como não se pode generalizar por uma questão de honestidade, houve um caso muito específico de um oficial que, sabedor de que eu era professor, perguntou do que precisava. Disse-lhe que se pudesse receber um maço de folhas e um lápis ficaria plenamente satisfeito, nada mais do que isso. Eis que não demorou muito e recebi exatamente o que havia solicitado. Comecei a escrever um conto histórico, e dias depois o mesmo oficial, ao encontrar-me escrevendo, pediu licença para ler. Indagou em seguida se o desfecho do conto estava próximo ou ainda o estenderia mais um pouco.

Da mesma forma que não tive tempo de concluir o que pensava escrever por terem sido retiradas abruptamente de mim as folhas do referido conto, também o oficial que me dera chance de dar vazão a algo de que fazia tempo sentia falta, o ato de escrever e pensar as relações humanas desapareceu. Mas ficou a impressão meio favorável de que mesmo em ambientes hostis às práticas democráticas e civilizatórias sempre existem indivíduos que respeitam os direitos elementares do ser humano. Cheguei a pensar que o jovem oficial pode ter sido afastado em razão de suas atitudes nada comuns em locais onde predominam as violações cometidas contra gente que simplesmente pensa diferente dos que detêm o poder.

Depois de algum tempo recebi a primeira visita de meu pai. Pudemos ficar por apenas cinco minutos em conversa sem a presença de nenhuma figura daquele dispositivo repressivo. Foi no I Distrito Naval que nos encontramos plenos de emoção, mas com a racionalidade de quem entende que aquela situação fazia parte de uma escolha política. Meu pai agiu como esperava. Não se lamentou em momento algum e me passou força, ciente de que naqueles instantes manter a dignidade é fundamental.

Saí desse breve encontro fortalecido e esperançoso, porque apesar do pouco tempo pudemos desenhar uma estratégia que resultou certa, como descreverei em seguida. Ela consistiu em duas decisões tomadas conjuntamente, que dependiam de outras pessoas que responderam positivamente.

Eu tinha sido selecionado para cursar uma pós-graduação na França, mediante uma bolsa concedida pelo governo daquele país. Na época o então governo do general De Gaulle dava prioridade aos países que compunham o bloco do Terceiro Mundo, constituído pelas nações africanas, latino-americanas e do Sudeste Asiático, nos quais a cultura francesa sempre teve influência mas que vinha perdendo um pouco desse prestígio em face de uma política anglo-saxônica mais agressiva. Selecionado, aguardaria a convocação, que, no entanto, só aconteceria um pouco mais tarde. Pensei com meu pai, por que não solicitar uma declaração do funcionário encarregado do consulado que fosse endereçada aos responsáveis pelo meu inquérito?

Não só o documento foi entregue como continha a afirmação de que como bolsista credenciado pelo órgão concedente da bolsa do governo francês eu já seria considerado, durante a vigência da bolsa, um cidadão francês.

Surpreendentemente o responsável pela redação do documento, ao tomar conhecimento de que me encontrava detido como preso político, não só atendeu ao pleito levado por meu pai como superou todas as nossas expectativas.

Daí em diante a minha situação mudou consideravelmente para melhor.

Assim, uma negativa de meus detentores implicaria uma afronta a um país que mantinha relações diplomáticas e que oficialmente não fazia restrições ao caráter do regime. Logo, criar embaraços seria nocivo para o governo brasileiro, e os oficiais da Marinha tinham clareza dessa situação, muito embora se tratasse de um preso que para eles deveria estar respondendo pelo desacato ao regime que representavam.

Também contei com a ajuda inestimável de uma professora que fora minha colega num colégio onde nos conhecemos quando iniciava as minhas atividades como professor e que coincidentemente era amiga do capitão do meu inquérito. Ao saber que o seu amigo contara a respeito de minha prisão a conhecidos ela deve ter estranhado, por ter comigo bom relacionamento. Deve então ter feito gestões para que não considerasse o professor uma figura indesejável e muito menos criminosa a ponto de ser mantido encarcerado. Se a sua sensibilidade foi suficientemente capaz de concorrer para a minha soltura não sei dizer. O que sei é que a atitude prepotente do capitão logo mudou entendendo como válida a minha ida para gozar a minha bolsa na França.

A última atitude menos amistosa do capitão foi a de querer me embarcar imediatamente assim que saísse da prisão, com o que não concordei, embora estivesse louco para sair a qualquer momento. Precisava porém ir ao encontro de minha mãe e arrumar as minhas coisas para a viagem. Diante do óbvio, me foram concedidos cinco dias para eu zarpar rumo a Paris, depois de uma despedida emocionada que tive quando de minha saída da ilha.

Não poderia deixar passar esse momento da despedida, que foi tocante, sem dúvida, e do qual me recordo como se tivesse sido ontem. Fora da cela e no aguardo da embarcação que me levaria com os meus pertences à liberdade, vários companheiros me saudavam onde estivessem, mesmo aqueles que não conseguiam me ver. Uma dessas saudações de regozijo veio da querida e saudosa companheira e amiga Tânia Marins, na época ainda Tânia Roque, casada com o não menos querido companheiro Lincoln Bicalho Roque, com quem teve a talentosa filha Tatiana Roque. Colegas meus da Faculdade Nacional de Filosofia da Universidade do Brasil, hoje UFRJ, me distinguiram com uma amizade sem igual. E a lembrança deles não se apagará jamais.

Muito tempo depois retornei à ilha das Flores, juntamente com ex-presos que lá estiveram, para acompanhar e testemunhar fatos que deveriam ser apurados com vistas ao Relatório da Comissão Nacional da Verdade (CNV). Foi aí que pude conhecer os contornos daquele lugar e percorrer todos os pavilhões onde inúmeros presos estiveram confinados. Os relatos se sucederam, e os membros da CNV, possivelmente já acostumados com depoimentos igualmente chocantes a afrontar a dignidade humana, pareciam não se surpreender. Afinal, aquele era um dos vários locais onde houvera transgressões dos direitos humanos.

Acompanhavam essa comitiva alguns oficiais que não escondiam um certo desprazer em ter de ciceronear os integrantes da Comissão, bem como algumas dezenas de presos que haviam passado por lá. Registro um diálogo que vale a pena fazê-lo. Quando ouvíamos a descrição de uma das então presas das torturas ali executadas, postou-se ao meu lado um oficial que me indagou que idade tinha quando ficara detido na ilha. Disse que exatos 25 anos. Olhou-me e disse: “Puxa, a idade do meu filho hoje!”.

Ao sairmos daquela visita doída sob vários aspectos, mas também necessária, porque é preciso sempre lembrar que o Brasil conheceu tempos que não podem voltar mais, nos reunimos na Lapa, logo depois que o ônibus que nos levara nos deixou no centro da cidade.

Pensei em sugerir que fizéssemos o que estou a fazer neste relato, algo como um depoimento-denúncia, com cada qual mencionando fatos vividos enquanto permaneceram incomunicáveis na ilha das Flores, que eternizou para o bem ou para as más lembranças de um pedaço de nossas vidas, e ao mesmo tempo para honrar aqueles que não mais se encontram conosco, nesse esforço de construção de uma sociedade mais justa e amplamente democrática.

Manifestantes pedem a liberdade dos presos pelo regime militar.

O general de divisão Newton Cruz, comandante militar do Planalto, desafia o movimento pró-Diretas Já.

15
Direito à verdade e à justiça
Luiza Erundina de Sousa

O mês de março deste ano de 2024 registra três importantes datas que têm forte apelo e grande significado para o Brasil e para a história política do povo brasileiro. Refiro-me, primeiro, ao 8 de Março – Dia Internacional da Mulher, celebrado anualmente com a realização de eventos de iniciativa de instituições políticas e dos diversos movimentos da sociedade civil. É nessa data que as mulheres são homenageadas de modo muito especial e quando se coloca em destaque seu relevante papel na sociedade.

Contudo, não obstante serem mais da metade da população, continuam discriminadas e seus direitos de cidadania não têm sido reconhecidos nem muito menos respeitados. É preciso, pois, que as comemorações do 8 de Março sejam sempre acompanhadas do real compromisso da sociedade com a luta em defesa dos plenos direitos da cidadania para todas as mulheres em nosso país e no mundo.

Outra data muito importante a ser celebrada neste ano de 2024, é o 24 de Março – Dia Internacional do Direito à Verdade. A Assembleia Geral das Nações Unidas (ONU) proclamou, em 2010, o 24 de março como "Dia Internacional do Direito à Verdade sobre as Graves Violações aos Direitos Humanos e da Dignidade das Vítimas". A inciativa é relevante no processo de disseminação do direito das vítimas à dignidade e à verdade como um direito humano de valor equivalente ao dos direitos fundamentais de formulação mais antiga.

A resolução da Assembleia Geral dedicada ao tema foi particularmente feliz ao basear a decisão, em primeiro lugar, nos mais abrangentes documentos internacionais dedicados à construção de um mundo livre de opressão e de injustiça, como a própria Carta das Nações Unidas, a Declaração Universal dos Direitos Humanos ou, mais recentemente, a Declaração e o Programa de Ação de Viena, assinados na II Conferência Mundial sobre direitos humanos de 1993. Essas referências a documentos consolidados salientam o fato inegável de que os direitos à verdade e à dignidade não surgem do nada, mas são desdobramentos históricos indispensáveis à plena realização do núcleo original dos direitos humanos comumente reconhecidos.

A resolução da ONU indicou, ademais, uma série de decisões internacionais mais recentes que vêm dando suporte ao pleno reconhecimento do direito à verdade, como a Convenção Internacional para a proteção de todas as pessoas contra as desaparições forçadas de 2006, que realça o direito de se conhecer a verdade sobre as circunstâncias do desaparecimento, a evolução e o resultado das investigações e o destino das pessoas desaparecidas. As várias referências contidas na resolução a normas e decisões relativas à verdade ilustram abundantemente o fato de que a primeira década do século XXI tem testemunhado a consolidação, no plano internacional, desse importante desdobramento dos direitos humanos.

A efetividade do Dia Internacional do Direito à Verdade sobre as Graves Violações aos Direitos Humanos e da Dignidade das Vítimas depende do esforço dos países-membros das Nações Unidas para internalizar a reflexão proposta na Assembleia Geral. O Brasil pode e deve assumir uma postura incisiva quanto à matéria. Nossas instituições de representação política, em particular, sejam elas de âmbito municipal, estadual, distrital ou nacional, precisam colocar o 24 de Março em posição de destaque em seu calendário anual de comemorações.

Uma iniciativa importante nessa área é a da consagração do dia 24 de março também em nossa legislação interna, incorporando o Dia Internacional do Direito à Verdade sobre as Graves Violações aos Direitos Humanos e da Dignidade das Vítimas ao calendário oficial de municípios, estados, Distrito Federal e da nação como um todo. O objetivo não é apenas o de dispor, ao fim do processo, de uma data oficial de referência para a celebração do direito à verdade, mas ainda o de levantar a discussão sobre a matéria a partir da própria tramitação de proposições legislativas destinadas a consagrar tal data nos vários âmbitos da federação.

Vale destacar, ainda, que as Nações Unidas escolheram, como referência para a luta pela verdade e pela dignidade das vítimas, o 24 de março em homenagem ao monsenhor Oscar Arnulfo Romero, bispo e mártir de El Salvador, assassinado em 24 de março de 1980 por "sua dedicação ao serviço da humanidade no contexto de conflitos armados como um humanista consagrado à defesa dos direitos humanos, à proteção de vidas humanas e à promoção da dignidade do ser humano".

No Brasil, a data foi incluída no calendário oficial das datas comemorativas em 2018, por meio da Lei n. 13.605/2018, de minha autoria. Este diploma legal determina que o 24 de março seja dedicado à reflexão coletiva a respeito da importância do conhecimento de situações em que tenham ocorrido graves violações aos direitos humanos.

Em 2006, um estudo do Escritório do Alto-Comissariado da ONU para os Direitos Humanos concluiu que o direito à verdade é um princípio do direito internacional, inalienável e autônomo, ou seja, os Estados têm o dever de investigar os fatos exatamente como ocorreram e dar-lhes publicidade, primeiro passo para que seja feita justiça. Isso inclui a preservação da memória das vítimas, uma reparação possível aos seus familiares e medidas para que as situações de violações dos direitos humanos não se repitam, nem se perpetuem. As comissões da verdade tornam-se importantes instrumentos para a responsabilização dos agentes públicos por violações de direitos humanos com caráter de justiça restaurativa.

Em 2012, o governo brasileiro criou a Comissão Nacional da Verdade para investigar os episódios ocorridos entre os anos de 1964 e 1988, quando foi promulgada a atual Constituição do Brasil. Apesar do exitoso trabalho realizado pela Comissão, nossa Lei da Anistia impede uma ampla responsabilização de agentes do Estado pela violação dos direitos humanos, tais como homicídios, desaparecimentos, torturas e outras típicas violações ocorridas durante o regime ditatorial no nosso país, ou seja, na prática os caminhos para a restauração da justiça são incertos, e muitas vítimas e seus familiares permanecem sem o direito à verdade assegurado.

Assim, o Dia Internacional do Direito à Verdade, ainda pouco conhecido no Brasil, é uma oportunidade para que a sociedade brasileira reflita sobre a necessidade de se realizarem investigações justas, transparentes e eficazes nos casos de graves violações aos direitos humanos, de modo a contribuir para que a memória e a dignidade das vítimas sejam honradas, que se faça justiça e que tais crimes não aconteçam nunca mais. Há muito, portanto, a ser feito. Inclusive, as recomendações constantes do Relatório Final da Comissão Nacional da Verdade ainda não foram implementadas, com vistas a se resgatar a memória e revelar a verdade histórica sobre os crimes de lesa-humanidade cometidos pelo regime militar; como condição para que se faça justiça de transição, e sem o que não se vira a página da história recente do Brasil. Por isso, a história política do nosso país é marcada por frequentes episódios de retrocesso da democracia, como por exemplo o atentado de 8 de janeiro de 2023, quando quase se efetiva um golpe de Estado promovido pelas forças de extrema direita que ainda não desistiram, pois, fascinados pelo "ovo da serpente", continuam tramando contra as liberdades e as instituições democráticas.

Daí a importância de se rememorar a terceira data, o Golpe Civil-Militar que completa sessenta anos neste 31 de março de 2024, com atos e declarações inequívocas de compromisso com a democracia, e em homenagem aos bravos brasileiros e brasileiras que sacrificaram a própria vida por uma pátria livre e justa para todas e todos.

Foi naquele fatídico 31 de março de 1964 que as mesmas forças que ainda hoje tramam nas sombras contra a democracia depuseram o presidente João Goulart, democraticamente eleito, e que teve início uma ditadura que se estendeu até março de 1985. Somente em 1989, após a promulgação da nova Constituição da República, o país voltou a eleger, pelo voto direto, o novo chefe do poder Executivo.

O longo e tenebroso período de quase 21 anos – marcado por graves violações aos direitos humanos praticadas pelo regime militar, como prisões, torturas, assassinatos, desaparecimentos forçados, censura artística e aos meios de comunicação – deixou marcas indeléveis na sociedade brasileira.

Assim como muitos militantes políticos que se opunham ao regime militar, minha trajetória de vida foi marcada por aquele trágico período de nossa história. Na Paraíba, terra onde nasci, e como católica formada na Teologia da Libertação, envolvi-me na luta em defesa da reforma agrária e na resistência à ditadura militar. Por isso, fui perseguida e tive que migrar para a capital paulista, no início da década de 1970, onde fiz concurso público para assistente social da prefeitura e fui trabalhar com a população pobre das favelas na periferia da cidade.

Como profissional, iniciei minha militância sindical e me incorporei ao movimento sindical dos trabalhadores do ABC paulista que, na época, faziam resistência à ditadura e que também eram perseguidos. No exercício da profissão de assistente social, vivi um processo de imersão nas periferias da cidade, oportunidade em que me dei conta de que os processos de exclusão social e de repressão política estavam interligados, e como também percebi que as lutas por direitos e pela democracia eram, na essência, as mesmas que vivenciara no meu estado de origem.

A experiência direta com os setores populares excluídos e oprimidos influenciou e condicionou profundamente minha visão de mundo e meu projeto de vida, convencendo-me a respeito da imperiosa necessidade de dedicar esforços na organização política do nosso povo na luta por seus direitos de cidadania, o que acabou por me levar à participação político-partidária por meio de um novo partido de esquerda que emergia no seio da luta do movimento sindical – o Partido dos Trabalhadores (PT), que ajudei a construir e pelo qual me elegi vereadora, deputada estadual e prefeita do município de São Paulo.

Assim, durante o período de luta e resistência democrática, testemunhei e vivenciei vários acontecimentos marcantes que contribuíram para que, gradualmente, o povo brasileiro conseguisse a superação do regime de exceção, dentre outros: a campanha pela anistia política; as greves dos operários do ABC; a fundação do Partido dos Trabalhadores (PT); as eleições estaduais e municipais de 1982 e 1985; a campanha pelas Diretas Já; e a Constituição Federal de 1988, elaborada por um Congresso constituinte democraticamente eleito, uma importante etapa de retorno à normalidade democrática que estava finalmente concluída.

Naquele momento da história, acreditava-se, ingenuamente, que a Constituição Cidadã, ao inaugurar uma nova fase do Estado e da sociedade brasileira, seria o instrumento político-jurídico suficientemente capaz de enterrar o entulho da ditadura e os valores autoritários incutidos na sociedade pelo regime durante duas décadas.

A realidade, entretanto, seria bastante diferente naquilo a que aspirávamos nas nossas lutas para derrotar a ditadura. Aos poucos, fomos nos dando conta de que muitas outras lutas ainda estariam por vir. Dentre elas, o grande desafio de revelar à sociedade brasileira toda a verdade sobre as graves violações de direitos humanos perpetradas por agentes do

Estado brasileiro contra opositores políticos, e a imperiosa exigência de levá-los a responder pelos seus crimes perante a justiça.

Foi nesse contexto, e já na condição de prefeita de São Paulo, que me deparei com um fato que exporia um dos mais tenebrosos capítulos da história recente do nosso país: a descoberta de uma vala clandestina em Perus. No dia 4 de setembro de 1990, durante obras de ampliação do Cemitério Municipal Dom Bosco – construído em 1971 pelo então prefeito de São Paulo Paulo Maluf, no bairro de Perus, distrito situado na zona noroeste do município de São Paulo –, os trabalhadores se depararam com uma vala com meio metro de largura, três metros de profundidade e mais de 35 metros de extensão, onde foram enterradas, clandestinamente, 1049 ossadas acondicionadas em sacos plásticos, sem nenhuma identificação.

Informações do administrador à época, o servidor Antônio Pires Eustáquio, davam conta de que para lá eram levados os corpos de indigentes, vítimas anônimas do Esquadrão da Morte, da miséria social e da repressão política, e eram jogados em uma vala comum clandestina. Ao ser informada sobre aquele fato inusitado, desloquei-me, imediatamente, para o cemitério a fim de assumir pessoalmente o controle da situação e declarei, naquela ocasião, o compromisso do nosso governo de investigar e revelar toda a verdade sobre fatos tão graves. Tomei imediatas providências, no sentido de preservar o material encontrado e de providenciar sua análise e a identificação das vítimas do horror da ditadura.

Criamos, então, uma comissão de investigação para acompanhar os trabalhos de exumação, composta de familiares de desaparecidos políticos, representantes de entidades de defesa dos direitos humanos, o Ministério Público e o secretário de governo da prefeitura. Ao mesmo tempo, avisamos ao então cardeal, Dom Paulo Evaristo Arns, que prontamente se colocou à disposição, bem como à Comissão Justiça e Paz da Arquidiocese de São Paulo e ao grupo Tortura Nunca Mais, que passaram a integrar a comissão criada. O apoio de Dom Paulo foi fundamental naquele momento, em face das fortes pressões de ex-agentes do regime militar, que tentaram de todo modo impedir que a verdade sobre os crimes hediondos enterrada naquela vala clandestina fosse revelada.

Em 2 de novembro de 1990, Dom Paulo celebrou uma missa de Finados, junto à vala clandestina, em memória dos mortos e desaparecidos políticos na Ditadura Civil-Militar. Na ocasião, o profeta da esperança e dos direitos humanos declarou: "Nessa vala estão seres humanos que lutaram pela liberdade da pátria, por um tempo em que houvesse menos discriminação, mais justiça, verdade e honestidade entre nós". Até hoje, padres e bispos realizam, no memorial que lá foi erguido, a celebração de Finados.

Dessa descoberta da vala de Perus iniciou-se um longo e penoso processo de identificação das ossadas, que envolveu diversas instituições, pesquisadores, familiares e ativistas de direitos humanos. A prefeitura e o governo de São Paulo firmaram convênio para que o Departamento de Medicina Legal da Universidade Estadual de Campinas (Unicamp) realizasse o trabalho de pesquisa científica e a identificação.

Com base em indícios de que corpos de desaparecidos políticos poderiam estar enterrados em outros cemitérios do município, as buscas se estenderam aos cemitérios de Campo Grande, zona sul, e Vila Formosa, zona leste da capital, porém foram suspensas pela Unicamp no final de 1992, quando terminou o nosso governo na prefeitura de São Paulo, e o convênio com o governo do estado foi interrompido.

As ossadas foram encaminhadas, então, para a Universidade Federal de Minas Gerais (UFMG), onde o trabalho também não evoluiu, e depois passaram por perícias da polícia cientifica do IML de São Paulo. Contudo, no início de 2010, a Justiça Federal de São Paulo, a pedido do grupo Tortura Nunca Mais, determinou que as ossadas fossem submetidas a exames de DNA e que a União e o estado de São Paulo teriam seis meses para promover sua identificação. A decisão representou uma extraordinária vitória, não só dos familiares dos mortos e desaparecidos políticos, mas também de todas e todos os que lutam para que a verdade sobre os crimes da ditadura militar seja revelada e os responsáveis por eles sejam devidamente punidos.

A determinação dos familiares das vítimas, de ativistas de direitos humanos e da sociedade civil organizada resultou em avanços significativos. Em 2022, depois de mais de trinta anos, se encerraram os trabalhos de identificação e apuração das circunstâncias das mortes. Foram identificadas as ossadas de Dênis Casimiro, Dimas Antônio Casemiro, Sônia Maria Lopes Morais Angel, Antônio Carlos Bicalho Lana, Frederico Mayr, Helber José Gomes Goulart e Aluízio Palhano Pedreira Ferreira, sendo que três deles estavam na vala comum e quatro em sepulturas individuais, no mesmo cemitério.

O processo de identificação das ossadas tem sido uma esperança e um alento para os familiares das vítimas depois de décadas de sofrimento e dolorosa expectativa. A descoberta da vala clandestina de Perus tornou-se, para eles, símbolo de busca pela verdade e da luta por justiça e reparação das graves violações de direitos humanos ocorridas durante o longo e tenebroso período da história brasileira que completa, este ano, sessenta anos.

Atualmente, as ossadas estão sob a guarda da Universidade Federal de São Paulo (Unifesp), que, em 2014, criou o Centro de Antropologia e Arqueologia Forense (Caaf), que assumiu o trabalho de identificação das ossadas, mediante um acordo de cooperação entre a Unifesp e o Ministério da Família, Mulher e dos Direitos Humanos do governo federal, e a Secretaria Municipal de Direitos Humanos e Cidadania de São Paulo.

A descoberta da vala de Perus foi, de fato, um choque para a sociedade brasileira que sequer iniciara a busca pela verdade e a justiça sobre os crimes cometidos nos Anos de Chumbo que se seguiram ao Golpe Civil-Militar de 1964 e que completa sessenta anos neste 31 de março. Somente no ano de 1995 seria criada a Comissão Especial sobre Mortos e Desaparecidos Políticos, desativada pelo governo golpista de Bolsonaro, e que ainda aguarda sua reativação pelo atual governo Lula.

O episódio da vala de Perus marcou, portanto, o início da luta pela revelação e reparação dos crimes de graves violações de direitos humanos cometidos pelo regime militar em nosso país, e que, décadas depois, a Comissão Nacional da Verdade procuraria desvelar.

Ao rememorarmos esses fatos devemos tirar deles lições que são preciosas para o momento atual da sociedade brasileira. Discurso de ódio, defesa da tortura, ameaça às instituições democráticas, tentativas de golpes de Estado, atentados à democracia não nos permitem tratá-los com indiferença ou distanciamento. A história exige de todos nós o firme compromisso com a memória e a verdade histórica e que tais crimes não permaneçam impunes. É inaceitável o fato de que o Estado brasileiro não tenha cumprido, até o presente momento, as determinações contidas nas decisões da Corte Interamericana de Direitos Humanos da Organização dos Estados Americanos (OEA) que, em 2010 (caso Gomes Lund e outros) e em 2018 (caso Vladimir Herzog), condenou o Estado brasileiro, dentre outras providências, a rever os mecanismos utilizados para eximir de responsabilização criminal aqueles que cometeram crimes de lesa-humanidade, como é o caso da interpretação conferida à Lei de Anistia Política aprovada em 1979.

A ausência de punição para os sequestradores, torturadores e assassinos da ditadura, e para toda a cadeia de comando que possibilitou a prática de tais crimes, tem repercussão até os dias de hoje. A tortura segue sendo utilizada como método de repressão em investigações policiais. Os assassinatos são rotina nas periferias das cidades, tendo como alvos principalmente jovens pretos e pobres.

Além disso, a impunidade favorece o surgimento de ideias totalitárias e é terreno fértil para aventureiros que se lançam à disputa do poder defendendo tais ideias; foi o que ocorreu com a eleição à presidência da República de um fascista que continua atentando contra as instituições democráticas do país.

Finalmente, a Verdade e a Justiça são antídotos contra golpes e ditadores; contra o arbítrio e a falta de liberdade; são pilares fundamentais de um país verdadeiramente democrático; são um imperativo histórico e condição para que o processo de redemocratização do país se conclua.

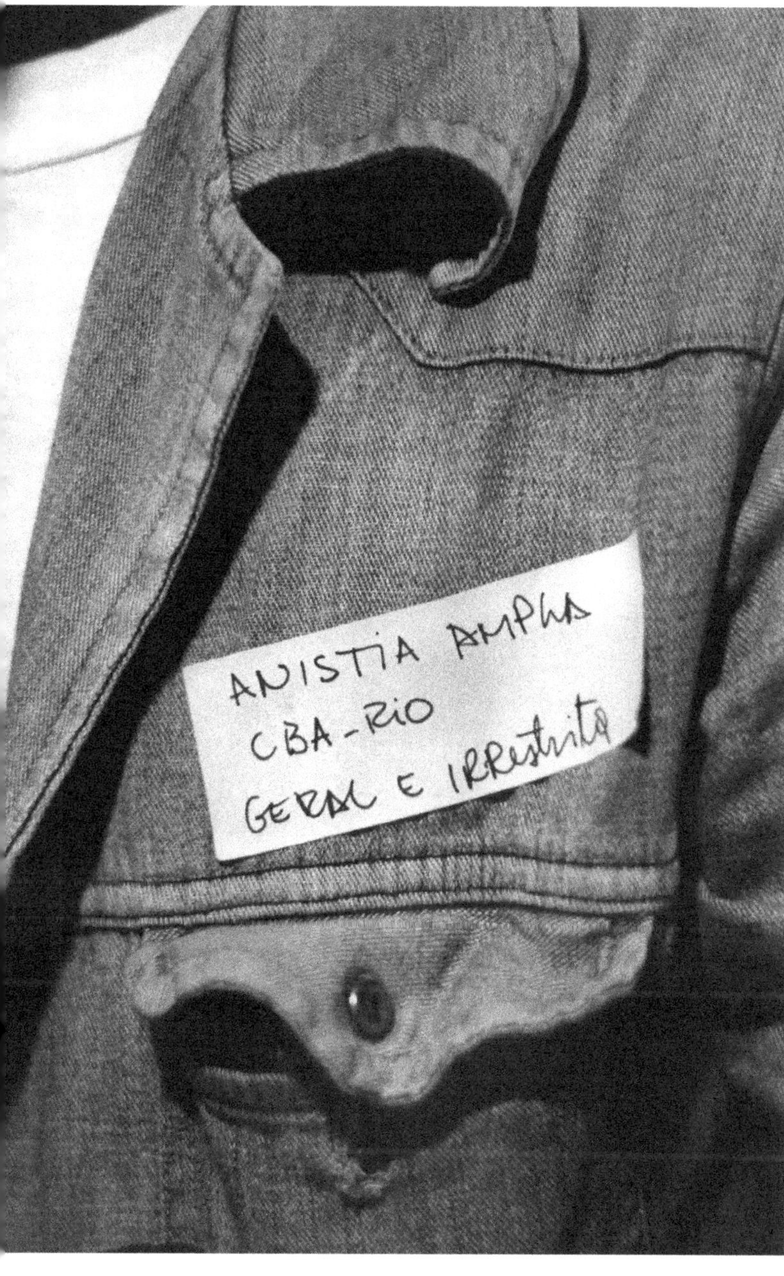

O clamor para que a anistia trouxesse os exilados de volta ao Brasil.

Brasília, 1º de janeiro de 1979. Tempos nebulosos.

16
Esboço da perda
Maria Thereza Goulart

O que o golpe mudou em minha vida?

É muito difícil ter a resposta certa para essa pergunta. Até hoje, sessenta anos depois, eu me questiono para conseguir entender o porquê daqueles momentos tão assustadores que, de repente, mudaram o rumo de nossas vidas, de nossa pátria e de nosso povo. As mudanças foram infinitas. Perdi pessoas que eu amava sem poder dizer adeus. Perdi meu pai, perdi minha mãe; sequer me deixaram comparecer ao enterro deles no Brasil. Perdi amigos, perdi meu lar e perdi o meu país. Fiquei sem meus sonhos, vivendo uma realidade de incertezas e desafetos.

Tive medo, sim, e pensei que aqueles momentos eram de uma perseguição coletiva que acabaria envolvendo o nosso futuro. Esse medo tornou-se um grande inimigo capaz de me confundir entre o ódio e o perdão. Eram muitas

Figueiredo e Petronio Portella com o projeto da Lei da Anistia.

perguntas sem respostas que me faziam pensar, algumas vezes, que nós éramos os responsáveis por todos aqueles acontecimentos.

O tempo foi passando e os desafios foram diários. Esquecer não foi fácil e eu aprendi muito com o sofrimento. Aconteceram novas mudanças, meus filhos cresceram, voltamos para o nosso Brasil, para uma nova vida e novos amigos em um tempo de esperança. Nossas vidas, no entanto,

ficaram com um grande vazio sem a presença do nosso melhor amigo, pai e companheiro.

Hoje sinto meu coração comprometido com o passado e, em vários momentos de melancolia, olho para o céu azul e me encontro de volta no Uruguai, mudando o rumo de meus pensamentos neste tempo de espera por outros caminhos. Sei que minha vida mudou. Continuo meu destino. Até quando, não sei.

O Palácio do Planalto sob constante vigilância.

17
Memória e direitos humanos

Paulo Paim

É necessário recordar constantemente a Ditadura Civil-Militar no Brasil, que durou de 1º de abril de 1964 a 15 de março de 1985, para evitar que essa parte dolorosa da história seja esquecida. No chamado Anos de Chumbo houve intensa repressão política, cassação de direitos políticos, extinção de partidos, Congresso Nacional fechado, censura à imprensa e à cultura, além de assassinatos, torturas, sequestros e exílios. O desrespeito aos direitos humanos foi total.

A Operação Condor, uma aliança entre as ditaduras da América do Sul na década de 1970, visava reprimir a oposição a esses governos. Como sindicalista, representei o movimento sindical em Montevidéu, Uruguai, colaborando com a comissão de Alto Nível criada no Brasil para apoiar Lilian Celibertti e Universindo Díaz, uruguaios sequestrados em Porto Alegre por policiais brasileiros e entregues à polícia daquele país. Jair Krischke, destacado defensor dos direitos humanos, foi uma figura símbolo nesse movimento do qual participei.

As greves, duramente combatidas pelo sistema policial e de inteligência da ditadura, desempenharam papel fundamental na luta por liberdade e democracia. Estávamos em constante monitoramento. Participei de uma greve no Polo Petroquímico do Rio Grande do Sul em 1983, onde um trabalhador foi gravemente ferido: o operário Calgenir Lauri dos Santos foi atingido por um tiro e teve uma das pernas amputadas. Nesse mesmo ano, realizamos uma marcha de Canoas até Porto Alegre, cerca de vinte quilômetros, exigindo eleições diretas para presidente do Brasil e melhores condições salariais para a classe trabalhadora.

Mesmo após todos estes anos, ecoa em minha alma a antiga canção do argentino Leon Gieco chamada "La memoria": "Tudo está guardado na memória. O engano e a cumplicidade dos genocidas que estão soltos. A justiça que olha e não vê. Todas as promessas que se vão. Tudo está guardado na memória. A memória desperta os povos... Livre como o vento".

Memória e direitos humanos estão profundamente conectados, apontando para um caminho de esperança por uma vida mais humana e justa, com igualdade de direitos e oportunidades para todos. A memória viva restabelece a verdade e a justiça, permitindo que as sociedades confrontem eventos traumáticos. Os direitos humanos são fundamentais para combater injustiças, discriminações e promover respeito à diversidade, sendo portas de entrada para as transformações de que o país tanto necessita.

Crescer humanamente e coletivamente é buscar dignidade, solidariedade, fraternidade e justiça social. Esse é o nosso rumo. Caminhando com a memória viva e os direitos humanos. Ditadura, nunca mais! Temos o compromisso de impedir a repetição dos tristes Anos de Chumbo. Democracia, sempre!

Imprensa censurada. Desfile de 7 de setembro de 1976.

18
Ditadura Militar
Pedro Simon

Eu tinha 34 anos e era vereador na minha cidade natal, Caxias do Sul-RS, quando a nação foi atropelada pelo golpe de 1964. O que posso dizer para sintetizar esses sessenta anos que nos separam daquele traumático acontecimento? Posso dizer, inicialmente, que minha vida, nessas seis décadas, tem sido uma luta permanente e constante contra o autoritarismo.

Desde muito jovem, sempre tive uma intensa atividade política. Fui presidente do Grêmio Estudantil do Colégio Rosário durante dois anos e presidente do Centro Acadêmico Maurício Cardoso da Faculdade de Direito da Pontifícia Universidade Católica do Rio Grande do Sul (PUC-RS), durante três anos. Presidi o Conselho Estadual dos Estudantes Universitários de Porto Alegre e dirigi a entidade que reunia os colégios católicos do Brasil. Também fui vereador, deputado estadual, governador do meu estado, ministro e senador.

Pode-se dizer que, de 1964 até os dias de hoje, não tivemos um só dia de folga nesta luta, neste combate sem trégua contra todas as formas de autoritarismo.

Tive a honra de integrar o movimento cívico de resistência contra a ditadura, que se estendeu por mais de vinte anos. Hoje, posso me orgulhar de dizer que sou um sobrevivente dos Tempos de Chumbo. Deus não quis que o meu mandato fosse cassado, embora eu figurasse em praticamente todas as listas que eram feitas na calada da noite pelos poderosos da época.

Porém, infelizmente, o Congresso Nacional foi fechado e a imprensa cerceada. Aquele foi um período cruel, dramático. Penso que foi o período mais triste, mais terrível, mais melancólico que o Brasil vivenciou. Mas a nação resistiu.

E o nosso velho MDB (Movimento Democrático Brasileiro) – tão atacado, tão criticado –, foi a entidade que comandou a resistência contra um regime ilegítimo.

Ainda hoje me lembro, como se fosse ontem, que a Assembleia Legislativa do Rio Grande do Sul tinha inaugurado seu novo prédio, bonito, majestoso e moderno logo em 1967. E por toda a duração do nefasto AI-5, o nosso foi o único Parlamento brasileiro que permaneceu aberto. Estávamos em funcionamento, mas ninguém sabia. A imprensa – jornal, rádio e televisão – não publicava absolutamente nada.

Eu era o presidente do MDB no Rio Grande do Sul quando foi criado o Iepes (Instituto de Estudos e Pesquisas Sociais). Convocamos intelectuais, trabalhadores e pessoas de todos os segmentos políticos e sociais que eram contrários à ditadura. Na nossa Assembleia recém-inaugurada, realizamos um congresso com todas essas entidades e personalidades. Participaram homens como Ulysses Guimarães,

Tancredo Neves, Teotônio Vilela, Miguel Arraes, Leonel Brizola e Luiz Inácio Lula da Silva.

Foi um momento espetacular, que culminou quando aprovamos uma espécie de cartilha da oposição, a qual sintetizava todas as nossas principais reivindicações:

1 – Eleições Diretas Já;
2 – Convocação de uma Assembleia Nacional Constituinte;
3 – Fim da tortura;
4 – Anistia;
5 – Liberdade de Imprensa.

Reunião de líderes de vários partidos de oposição, com a presença de Lula, Leonel Brizola, Thales Ramalho, Nilo Coelho, Tancredo Neves, José Sarney, Ulysses Guimarães, Ivete Vargas e Marcos Freire.

O nosso MDB liderou aquela campanha. Começamos na esquina democrática da rua da Praia, em Porto Alegre. Dali fomos para Capão da Canoa. Mesmo sem podermos fazer propaganda do evento, o povo compareceu em massa e vibrou. Dali fomos para Santa Catarina, depois seguimos para o Paraná. E tudo culminou quando mais de 1.250 mil pessoas se reuniram na praça da Sé, em São Paulo.

Lembro que o meu querido amigo Teotônio Vilela, mesmo padecendo de câncer, com graves problemas de mobilidade, viajou pelo Brasil inteiro, e eu tive a felicidade de estar ao lado dele em muitos lugares nessa luta. Contra a ditadura, pelo fim da tortura. Lembro bem da nossa última reunião. Foi lá no Ceará, em um presídio. Havia presos políticos, alguns deles torturados. Sofremos vendo aquilo.

De muitos dos fatos que vivenciei e estou aqui relatando o Brasil não teve notícia. Porque os principais jornais do país tinham censores, que vigiavam o noticiário político, vetando tudo que parecesse "subversivo" ao governo. Ou seja, o Brasil não tinha conhecimento de absolutamente nada do que estava acontecendo no campo da política.

É muito importante reafirmar isso: a oposição lutou contra forças poderosas e triunfou. Parece mentira, mas em plena ditadura, em uma sofrida e penosa caminhada, conseguimos aprovar a Assembleia Nacional Constituinte. Aquele foi, sem dúvida, um dos períodos mais bonitos da História brasileira. Antes da Constituinte, conseguimos vencer a eleição com Tancredo Neves, que se elegeu presidente.

Sinceramente, duvido que muitos outros países tenham realizado uma Assembleia Constituinte com tanta liberdade, com tanta participação popular quanto a nossa.

Na época, como era governador do Rio Grande do Sul, não estava autorizado a participar diretamente das sessões como membro constituinte. Sofri bastante com isso porque gostaria de estar em plenário na discussão das questões mais urgentes do país.

Durante toda a minha vida, eu me dediquei de corpo e alma à causa da libertação do nosso povo.

Em 2013, o Senado aprovou e votou um projeto meu e do senador Randolfe Rodrigues, declarando nula a sessão do Congresso Nacional que, em 2 de abril de 1964, havia declarado vago o cargo presidencial, permitindo a deposição ilegal do então presidente João Goulart. Aquele foi um importante momento histórico, com efeito moral importante, pois mudou a forma como a nossa história passou a ser contada dali para a frente. E em 2021, na Assembleia Legislativa do Rio Grande do Sul, realizamos um Concerto da Democracia em homenagem à 42ª Legislatura, que manteve as portas do parlamento abertas durante a ditadura.

Orlando Brito

Tive a alegria de conhecer o Orlando Brito, um dos maiores fotógrafos brasileiros de todos os tempos, que empregou o seu enorme talento para registrar os fatos políticos mais importantes da segunda metade do século passado e das duas décadas iniciais deste que estamos vivendo agora.

Lembro com muito carinho da figura dele. Não se limitava a fazer apenas as suas impressionantes fotografias que retratam momentos relevantes da nossa história política. A rigor, corroboram seus companheiros de jornal e revista, era também um verdadeiro e atilado repórter, que sempre indicava a seus companheiros aspectos que passavam despercebidos. Captava cenas valiosas com sua sensibilidade ímpar.

Para ele, era mais que válida aquela sábia afirmação que diz que uma imagem vale mais que mil palavras.

Orlando Brito era muito querido pelos repórteres que acompanhava em suas muitas missões porque, fosse numa sonolenta reunião de ministérios, fosse um morno debate parlamentar, ele sempre captava o momento mais significativo. Ele via sempre o que escapava a seus companheiros. Exerceu com muito amor sua profissão. Era um cavalheiro no seu trato gentil com os políticos. Pela experiência, pela competência, era um líder da sua categoria. Generoso, conseguia trabalho para colegas desempregados.

Lembro que, quando o Congresso Nacional foi fechado, as fotografias que ele tirou do prédio vazio correram o mundo inteiro. Ele soube bem retratar aquele momento de profunda tristeza. Foi de Orlando Brito também a última fotografia que temos do dr. Ulysses Guimarães antes de falecer. Essa foto foi feita quando, na saída da chapelaria, Ulysses Guimarães conversava com um repórter da *Folha de S.Paulo* e acabou estampando a capa da revista *Veja.*

As fotos de Orlando Brito do Congresso Nacional vazio nos dão uma dor no coração. Mas as fotos que fez do Congresso agitado, da vibrante mobilização da política brasileira, eram um estímulo à cidadania. Orlando Brito foi um nome muito importante no registro da nossa luta pela democracia e pela liberdade do povo brasileiro.

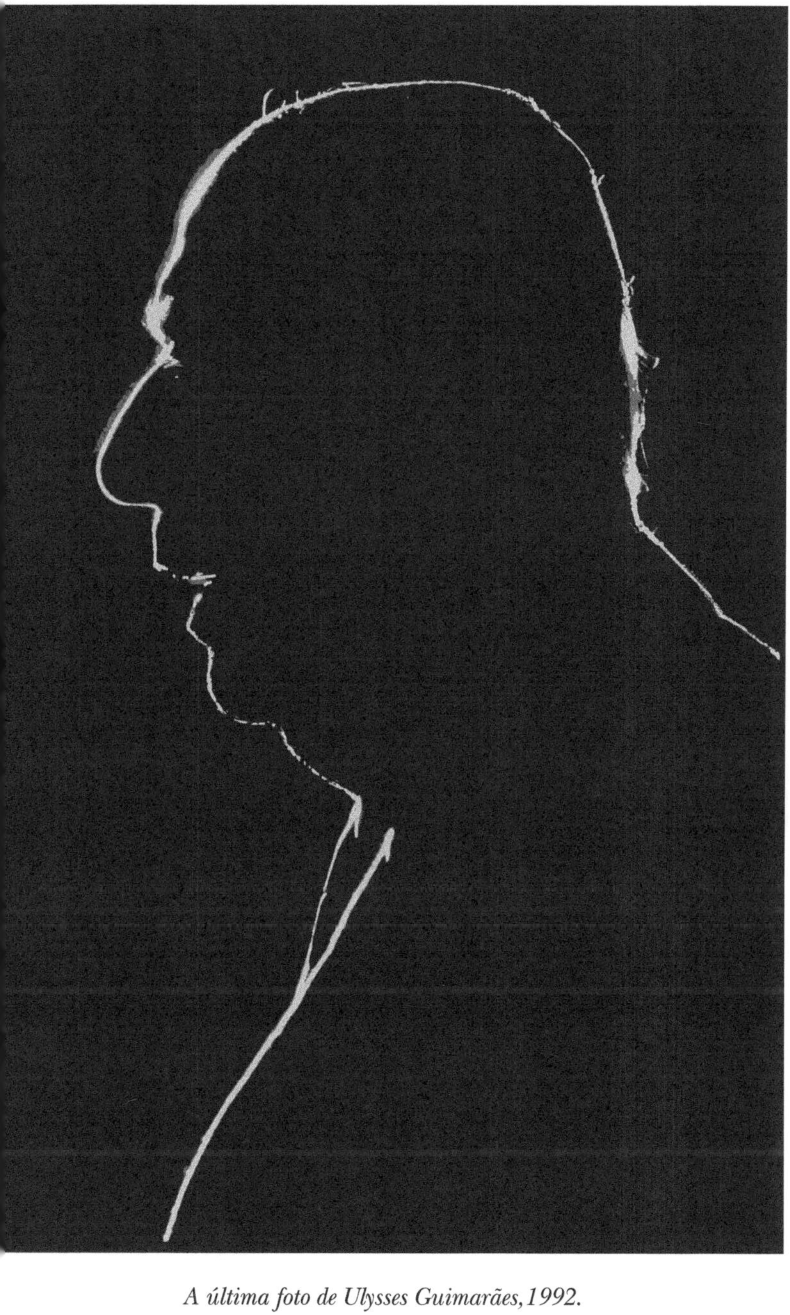

A última foto de Ulysses Guimarães, 1992.

Manhã chuvosa e sombria de Brasília. Soldados hasteiam a bandeira do Brasil em frente ao Palácio do Planalto, reafirmando o estabelecimento do regime militar.

19
O golpe como um fracasso coletivo e a memória que inspira a ação

Randolfe Rodrigues

A Constituição de 1946, a despeito de sua contribuição para a retomada democrática, legou ao país um arranjo institucional de cooperação governamental excessivamente desafiador, que desincentivava a cooperação entre os poderes Executivo e Legislativo. Numa tentativa de remediar os riscos de concentração cesarista de poderes na figura do presidente da República, em reação à gramática do Estado Novo, a República Populista (1946-64) concebeu um chefe do Executivo combalido, que, à míngua de mecanismos que viabilizassem o alinhamento parlamentar, via-se frequentemente incentivado a "se jogar nos braços do povo", num gesto ora para contrabalançar a fragilidade de sua coalizão, ora para legitimar dispositivos de exceção constitucional.

A instabilidade política do regime de 1946 parecia produto por excelência de uma interação frágil de um presidente reformista – não necessariamente imbuído do melhor reformismo, mas intuitivamente um reformista – e um Congresso fragmentado e conservador, que, na incerteza, apostava inercialmente na preservação do statu quo. Tal combinação rendia um quadro quase sempre de impasses e paralisia governamental, agravado por um contexto interno de demandas crescentes por serviços públicos, acirramento da polarização e inquietação entre as elites, sem falar na conjuntura geopolítica inflamada da Guerra Fria. A tempestade perfeita estava armada, e o que disso parecer familiar no presente deve ser recebido como advertência.

Não por menos, na República Populista, apenas um presidente civil concluiria o seu mandato e mesmo este se veria às voltas antes mesmo de sua posse, quase interrompida pelo recalcitrante golpismo das elites civis e militares. Mesmo o saldo modernizante deste único governo exitoso ainda pairaria sobre o país nas décadas seguintes com certa ambivalência, ora como aceno ao futuro modernizante sonhado, ora como ressaca fiscal e inflacionária.

Golpes, como sabemos, não são processos triviais ou fotografias isoladas de seu tempo, mas antes o ponto culminante de uma trajetória institucional de desarranjos que frequentemente desaguam em impasses, agravando crises econômicas e políticas, num caldo retroalimentador. Resultam, pois, antes de tudo, em um fracasso coletivo de uma nação.

A Constituinte liderada por Nereu Ramos, preocupada com o autoritarismo do Estado Novo, enfocou excessivamente o passado, o que, paradoxalmente, levou à incorporação da lógica populista ao cerne da ordem emergente. Sua incapacidade de olhar para o futuro fez com que a Constituição de 1946 demonstrasse prematuramente inequívocos sinais de esgotamento, resultando em uma ruptura traumática. Nos lances finais de seu acidentado governo, pressionado pelas circunstâncias, Goulart solicitou ao Congresso a autorização para decretar o estado de sítio em resposta à provocação golpista de Carlos Lacerda, um representante do reacionarismo udenista e governador da Guanabara. Temendo a rejeição, a medida acabou sendo retirada, agravando o isolamento presidencial em meio à crescente impaciência das elites civis e militares.

Goulart, então, recorreu à razão populista, mas seus discursos inflamados no Automóvel Clube ou no histórico Comício da Central do Brasil no Rio de Janeiro acabariam precipitando o ponto de não retorno. Evidência da fragilidade de seu dispositivo político e militar seria a deflagração da ruptura a conduto de uma verdadeira quartelada sob a direção do general Olímpio Mourão Filho, à revelia da cúpula militar de conspiradores, a partir de Juiz de Fora.

Acossado pelos militares, o presidente retirou-se para a fronteira, no Rio Grande do Sul, e Auro de Moura Andrade, presidente do Senado, declarou vaga a presidência, à revelia dos ritos constitucionais. A substituição de Goulart pelo inexpressivo Ranieri Mazzilli, presidente da Câmara dos Deputados, iniciaria o salto nas trevas. E que não nos enganemos: o golpe foi respaldado em boa medida pelas elites econômicas, midiáticas, religiosas, jurídicas e até mesmo por setores da intelectualidade, a pretexto de estancar a suposta "ameaça comunista". A sociedade civil se achava igualmente dividida, e evidência disso foram as sucessivas marchas capitaneadas pela classe média urbana em todo o país em apoio ao golpe.

A promessa inicial dos golpistas era de uma transição "democrática" e de transferência da presidência ao poder civil nas eleições a se realizarem no ano seguinte, mas a fantasia logo se dissipou. O regime militar abusaria do discurso jurídico para imprimir legalidade aparente à sua gramática de exceção constitucional, especialmente através dos malsinados Atos Institucionais. O cadáver adiado da Constituição de 1946 seria sepultado pela Constituinte coacta que diria "sim, senhor" ao texto da Carta de 1967, formatada ao sabor dos fardados e de sua infame doutrina de exceção constitucional.

Nos meses seguintes ao golpe se seguiria um pacote econômico de arrocho salarial e de brutal elevação da carga tributária que jamais teria viabilidade em uma sociedade democrática. A inflação cedeu, mas à custa de um enorme

Marechal Artur da Costa e Silva, já presidente, desfila no 7 de Setembro cumprimentando os colegas de farda e de costas para os civis.

mal-estar social. A brutalidade econômica da ditadura contaminaria o humor das massas e abriria alas para o escancaramento da violência política pura e simples, com a ascensão da "linha dura".

As eleições seguintes seriam sucessivamente manipuladas pelo legalismo formalista dos juristas da ditadura, que reduziriam o Direito a mero instrumento a serviço do arbítrio. Mas mesmo o casuísmo eleitoral do regime não seria capaz de evidenciar o repúdio das massas, que só seria minimamente aplacado nos anos iniciais do Milagre Econômico. Com as turbulências globais dos choques do petróleo, a ditadura seria progressivamente corroída pelos escombros a que reduzira o país, abrindo alas para uma transição "lenta, segura e gradual", sob permanente ameaça da recalcada linha dura e tutela do regime. Geisel, em 1981, reconheceria, com franqueza surpreendente, que a ruptura de 1964, longe de ser uma "revolução", era um movimento "contra" Goulart. "Contra" e não a favor de causa alguma: esse sintoma mórbido e infantil ainda voltaria a assombrar o país nas décadas seguintes.

Sufocada em meio a um Congresso Nacional acomodatório, por conservadorismo ou por pura contingência, a Emenda pelas Diretas, que galvanizou a energia renovadora das ruas, naufragaria por margem estreita. Apesar disso, a frustração seria logo deixada de lado, com a perspectiva de eleição, ainda que indireta, de um presidente civil. Tancredo, no entanto, morreria nas semanas seguintes, deixando órfão o país que, apesar de não o escolher nas urnas, logo se apegaria ao seu estilo aglutinador.

No rastro do fim da Guerra Fria, o Brasil ganharia o seu primeiro presidente civil e também uma nova Constituição, em meio aos solavancos da hiperinflação e da progressiva abertura internacional. O purgatório nacional não cessaria nos anos seguintes: o primeiro civil eleito diretamente para a presidência, a reboque do marketing político, lançaria o país à beira do abismo. Sua presidência seria interrompida por um impeachment, que, apesar de trágico, sinalizaria que a democracia brasileira, doravante, seria capaz de sobreviver à tragédia moral de seus líderes.

Com a estabilização da moeda e a adoção de um inédito arcabouço de políticas sociais nos anos seguintes, a democracia brasileira adquiriu sua maioridade, afastando-se dos traumas de seu passado. A relutância em encarar sua história, no entanto, seria sintoma de um mal-estar novamente não resolvido e que logo voltaria a assombrar o país. Os efeitos da crise de 2008, agravados por desacertos da política econômica doméstica, abririam espaço para o ressentimento coletivo, que ganhou corpo com o assédio judicial às instituições democráticas. A criminalização da política erigida sob a sombra do oportunismo do sistema de Justiça daria tração ao emergente populismo autoritário. Bolsonaro, nesse arranjo, deve ser lido mais como sintoma que como causa do mal-estar: o fracasso coletivo despontava novamente no horizonte

O horror da pandemia de covid-19, ao escancarar a lógica da destruição, interromperia precocemente a pulsão de morte representada pelo avanço global do populismo, mas seu destino ainda não está selado. A democracia respirou aliviada, mas segue sob forte estresse, imobilizada e torpedeada pelos influxos do neoliberalismo: a História dirá se fomos suficientemente ousados no enfrentamento desse quadro.

Analisar a genealogia de 1964 desponta sempre como uma oportunidade para compreender criticamente esses fracassos nacionais, embora não garanta por si só a sua irrepetibilidade. Com efeito, a memória coletiva, quando desprovida de força ativa, pode alimentar o ressentimento coletivo; é necessário coragem para aparelhá-la de autêntica força transformadora.

Diante desse cenário turbulento, o fotógrafo Orlando Brito emerge não apenas como um observador visual da história acidentada do Brasil, mas como um guardião da nossa memória coletiva. Através de suas lentes, ele capturou não apenas os momentos mais marcantes da ditadura, mas também as esperanças e desolações da nossa jovem democracia. Ao longo de quase seis décadas, Brito enfrentou desafios e restrições à imprensa, destacando-se principalmente como um cronista visual de nossa história contemporânea.

Brito, cuja família se instalou na região de Brasília em 1956 para participar da construção da Nova Capital, começou sua trajetória aos catorze anos, como laboratorista no jornal *Última Hora*. Aos dezessete anos, já exercia a profissão de fotógrafo, cobrindo eventos e substituindo colegas ocasionalmente. Ao longo de sua carreira, registrou momentos impactantes da história política do Brasil, desafiando com genialidade e sofisticação a censura imposta pela ditadura. Entre suas fotografias notáveis estão a emblemática imagem do soldado em guarda diante do Congresso Nacional, em 1968, durante a promulgação do AI-5, e o registro do plenário vazio da Câmara, em 1977, após o fechamento do Congresso pelo Pacote de Abril.

Ele contribuiu para veículos renomados como *O Globo*, *Jornal do Brasil*, *Veja* e *Caras*, e posteriormente estabeleceu sua própria agência. Internacionalmente reconhecido, foi o primeiro fotógrafo brasileiro a receber o prêmio World Press Photo, em 1979. No plano nacional, acumulou ainda onze láureas no Prêmio Abril de Fotografia.

Ao longo de sua carreira, Brito enfrentou desafios, incluindo as restrições à imprensa durante a ditadura e também as dificuldades enfrentadas sob a democracia. Lamentava as barreiras impostas ao trabalho jornalístico, desde os cercadinhos até a vigilância. No fim de sua vida, voltaria a testemunhar pessoalmente a recalcitrante violência política, ao ser hostilizado por apoiadores de Bolsonaro enquanto cobria um evento na praça dos Três Poderes. Além disso, ele expressava descontentamento com a incivilidade dos ocupantes do poder, algo que contrastava com sua própria abordagem gentil com colegas e fontes. Orlando Brito faleceria em meio a um Brasil distante daquele com que sempre sonhara, legando-nos, no entanto, o poder transformador da memória coletiva.

A superação do ressentimento não implica esquecer as injustiças do passado, mas sim transformar essa energia em uma força mobilizadora para a construção de uma sociedade mais justa e igualitária. A memória coletiva, ao confrontar os abusos do passado, pode tornar-se uma autêntica ponte para o futuro, guiando a ação presente em direção a uma nação verdadeiramente democrática.

Orlando Brito, com suas fotografias, assumiu o papel de guardião da memória visual do Brasil, documentando não apenas eventos políticos, mas também os sentimentos e as contradições que permeiam a nossa sociedade. Sua obra é um convite à reflexão, um testemunho de fracassos coletivos que desembocaram no autoritarismo e um apelo para que a memória inspire ações que transformem a mágoa em construção coletiva de um futuro melhor.

Sua trajetória testemunhou a turbulência política, a repressão, a violência e a luta por uma democracia verdadeira. Em seu legado, encontramos a importância de confrontar o passado, fazer do ressentimento uma força transformadora e construir a sociedade que desejamos. Sua partida nos deixa saudosos, mas suas imagens e sua coragem nos instigam a refletir sobre o caminho a seguir, buscando inspiração na memória para moldar um futuro democrático e inclusivo. Brito se imortalizou ao compor o espírito que anima a nossa democracia!

Presidente Geisel discursa durante almoço com oficiais generais.

Presidente Figueiredo em solenidade no QG do Exército: terno e gravata em meio aos colegas de farda.

20
Pela defesa da democracia

Roberto Freire

Não tenho medo de ditaduras. Tenho, como Ulysses, ódio e nojo. Ódio e nojo de tiranias onde quer que elas desgracem mulheres, homens e nações. Tendo visto a evolução do projeto socialista, a marcha autoritária nos mais diversos países, e enfrentado a ditadura de direita no Brasil, conheci o valor da liberdade.

Iniciei a minha militância política ainda como estudante, em 1962, quando ingressei no Partido Comunista Brasileiro (PCB), em um Pernambuco, meu estado de origem, governado por Miguel Arraes, expoente da esquerda brasileira e latino-americana. O mesmo Pernambuco das Ligas Camponesas de Francisco Julião, um importante movimento pela reforma agrária no Brasil.

Estávamos ainda sob o regime da Carta Constitucional de 1964 e próximos de conquistar a legalização do PCB, o chamado Partidão. Atuei, ainda como estudante de Direito, na defesa dos trabalhadores rurais em Pernambuco e como membro do PCB na ilegalidade num escritório de advocacia que também trabalhava na formação de sindicatos de trabalhadores rurais. Nessa época tivemos uma greve geral no campo, quando os trabalhadores rurais da zona da mata açucareira conseguiram uma revolução no campo com um Contrato Coletivo de Trabalho que acabou com a prática do barracão, que vinculava permanentemente o trabalhador ao engenho, e viabilizou o pagamento do salário com a aplicação da CLT, numa típica relação de trabalho capitalista no campo brasileiro. Foi nesse contexto de mobilização que percebi a necessidade de engajar-me ainda mais na construção de um país democrático e inclusivo.

No ano de 1965, membro da juventude do PCB já no início da Ditadura Civil-Militar no Brasil, fui um dos signatários da criação do MDB em Pernambuco, e a partir daí me tornei um ativo duplo militante da luta contra o regime militar. Destes tempos lembro de um momento que julgo ter sido de mudança no rumo ou talvez a definição de um rumo da oposição emedebista e clara conformação da frente democrática das oposições brasileiras. Tivemos um Seminário Nacional do MDB no Recife, em julho de 1971, organizado pela Direção Nacional e pelo então presidente regional Jarbas Vasconcelos. Houve intensos debates, alguns até bastante aguerridos e antagônicos, mas no final dali saiu um documento – a Carta do Recife – que trazia no seu bojo a determinação do MDB de lutar pela anistia e pela Constituinte. No momento aquilo parecia algo surreal, pois nada mais distante da realidade. Era o tempo da mais dura repressão da ditadura, tempos do AI- 5. E também de uma radicalização ainda maior de setores da esquerda que optaram pela luta armada, e isso inclusive rebatendo no próprio MDB. Nessa época surgia no seio do partido o grupo dos Autênticos, formado por políticos de esquerda que defendiam a luta democrática contra a ditadura, se contrapondo ao que muitos, inclusive nós, do PCB/MDB, que condenávamos a política da luta armada contra o regime militar por considerarmos uma aventura.

A partir da Carta do Recife a luta por anistia ampla geral e irrestrita e por uma Assembleia Nacional Constituinte passou a ser uma bandeira que, embora distante e irreal, alimentava no MDB um debate interno, que, sem ser o único, era até mesmo relegado por algumas lideranças como algo inadequado para o combate político. Nesse sentido vem a contribuição importante dos Autênticos nesse embate interno: já na ação gradativa, eles começaram a ganhar parcelas cada vez maiores do conjunto partidário para essas bandeiras.

A sociedade brasileira nas eleições nacionais de 1974 dera o sinal de que caminhava claramente para a oposição ao regime ao dar uma estrondosa vitória ao MDB, elegendo dezesseis dos 22 senadores eleitos no Brasil. A partir daí ocorreu uma profunda guinada no processo político no país. Foi o empurrão necessário para nós que defendíamos as ideias da Anistia e da Constituinte tivéssemos mais apoio no MDB da imprensa e fundamentalmente da sociedade. Surge o embrião do que, poucos anos à frente, seria o movimento por uma anticandidatura à Presidência da República que marcasse posição e expusesse a violência, a repressão política e a grave situação social brasileira.

Expor o jogo de cartas marcadas da ditadura; atestar a falta de liberdades; desnudar o teatro que eram as eleições indiretas; pedir eleições livres e universais, com alternância de poder; tornar o MDB o que ele era: marcadamente um partido de oposição – tudo isso culminou no movimento das Diretas Já e, mais tarde, na eleição de Tancredo Neves e no fim do regime militar. Nada há de bom em ditaduras. E seus males estão até hoje presentes na sociedade brasileira.

Mas também o que reunimos de bom naquele período: a valorização das liberdades, da democracia como valor universal, apurar o nosso senso de justiça, lutar com ainda mais afinco pelos direitos humanos. E foi esse ideário que nos impediu de enveredar novamente, nos anos Bolsonaro, no caminho do autoritarismo.

Durante todo esse tempo de escuridão e sombra também tivemos momentos de grande aprendizado e de emoções ao conhecer pessoas que nos enriqueceram com seus ensinamentos e amizades e que, juntos, vivemos momentos que nos emocionaram. Enfim, combatemos o bom combate pela liberdade e pelo respeito aos direitos fundamentais do ser humano.

Gente que foi fundamental na construção de um Brasil livre, democrático, mais justo, menos desigual e mais contemporâneo do futuro. Um Brasil que se permitiu sonhar. E, se há algo que as ditaduras tentam nos roubar, é a capacidade e a liberdade de sonhar. Por isso, é nos jovens – os de espírito e os de idade – que está a força das democracias.

Espera-se que algo dessa trajetória de brasileiros democratas em tempos outros, talvez menos duros e sombrios, sirva de um humilde exemplo para a geração atual manter a democracia e a liberdade aqui e no mundo cada vez mais globalmente integrado, isto é, neste mundo de hoje que vive tempos de conflitos de ideias e de armas, em que o processo democrático e até civilizatório é contestado por ditaduras retrógradas, fundamentalistas, jihadistas de uma guerra santa contra religiões e culturas.

Esta é a mensagem que do alto dos meus 81 anos e de espírito livre deixo aos mais jovens.

Ulysses Guimarães, o "Senhor Diretas",
foi fundamental para a redemocratização do Brasil.

21
Fotografias de Orlando Brito na ditadura: Uma janela para a História

Rodolfo Ward

Introdução

Entre 1964 e 1985, o Brasil viveu sob uma ditadura militar que alterou drasticamente o curso de sua história. Este período foi marcado por uma forte repressão política, censura aos meios de comunicação e uma agressiva supressão das liberdades civis. Em meio a esse cenário de autoritarismo e violência, emergiram vozes de resistência, entre elas a poderosa linguagem da fotografia. Orlando Brito, um fotógrafo brasileiro de renome, destacou-se como uma dessas vozes, usando sua câmera para desafiar o regime e documentar a realidade da vida sob o governo militar.

A importância das fotografias de Brito transcende a mera documentação de eventos históricos. Elas representam uma forma de resistência artística e um registro crítico dos abusos cometidos pelo regime. Suas imagens capturam não apenas os grandes atos de repressão, mas também as sutilezas da vida diária, as expressões de desafio e a resiliência do povo brasileiro. Através de seu olhar, Brito conseguiu comunicar a complexidade da experiência sob a ditadura, oferecendo uma perspectiva que muitas vezes contrastava com a narrativa oficial do governo.

Este texto propõe uma análise do trabalho de Orlando Brito durante a Ditadura Civil-Militar no Brasil. Exploraremos como suas fotografias serviram como um instrumento de resistência e memória, e como elas continuam a influenciar a compreensão contemporânea desse período conturbado. Ao examinar o contexto em que essas imagens foram produzidas, bem como sua composição, simbolismo e impacto, buscamos oferecer um novo olhar sobre a ditadura e seu legado, sublinhando a importância da fotografia como meio de documentação histórica, documental, artística e expressão de resistência.

Para isso o texto foi dividido em uma parte introdutória, que aborda a ditadura por uma perspectiva histórica, logo após uma breve introdução sobre os regimes ditatoriais na América Latina dando ênfase às ditaduras da Argentina e do Chile. Em seguida, falamos sobre a influência externa e a Guerra Fria. Já na última parte do texto analisamos a fotografia artística e documental, a importância do trabalho de Orlando Brito, além de quatro imagens do fotógrafo.

Introdução à ditadura no Brasil: uma perspectiva histórica e científica

A Ditadura Civil-Militar no Brasil (1964-85) foi um período marcado por censura, repressão, violações de direitos humanos, supressão de direitos civis e políticos. Essa era deixou um legado complexo que continua a influenciar o Brasil contemporâneo. Um período em que as ordens eram "empurradas goela abaixo". Em meio a esse cenário sombrio, surgiram vozes e lentes que desafiaram o regime autoritário, documentando a realidade e inspirando a resistência. Entre essas vozes estava Orlando Brito, um fotógrafo cujo trabalho não apenas registrou momentos cruciais da história brasileira, mas também serviu como um poderoso instrumento de resistência. Este texto visa explorar a importância do fotógrafo, de Orlando Brito, durante a ditadura no Brasil, destacando como suas fotografias se tornaram fundamentais na luta contra a repressão e na preservação da memória histórica.

A Ditadura Civil-Militar brasileira, iniciada com o golpe de 1964, representou um período de intensa transformação política e social no Brasil. Esse golpe, que depôs o presidente João Goulart, foi impulsionado por uma mistura de instabilidade política interna, medo do comunismo durante a Guerra Fria e a influência dos Estados Unidos na política latino-americana, conforme evidenciado por documentos históricos. Esse apoio americano inseriu-se na estratégia mais ampla de combate ao comunismo na região. Durante o regime, que se estendeu até 1985, o país vivenciou repressão severa e censura, caracterizadas pela perseguição, prisão, tortura e assassinato de opositores políticos. A consolidação do poder autoritário foi marcada pelo Ato Institucional

n. 5 (AI-5). Paralelamente, a economia brasileira experimentou um período de rápido crescimento, conhecido como o "Milagre Econômico", nos anos 1970. Contudo, esse crescimento econômico foi acompanhado por crescente desigualdade social e inflação, além de estar fundamentado na repressão política e na limitação das liberdades civis.

O regime militar brasileiro (1964-85), embora compartilhasse a repressão característica de outras ditaduras latino-americanas, também procurou promover uma imagem de modernização e desenvolvimento econômico. O "milagre econômico" brasileiro na década de 1970, um período de rápido crescimento econômico, foi marcado por uma política de desenvolvimento industrial e infraestrutura, mas também por aumento da dívida externa e por desigualdade: "No Brasil, o regime militar buscou legitimar-se através de um projeto de modernização econômica que, apesar de ter estimulado o crescimento, resultou em desigualdade e endividamento. A repressão política, embora extensa, operou simultaneamente a uma narrativa de progresso." (Oliveira, 2018, p. 135)

O legado da ditadura e seu impacto contemporâneo ainda são temas de intensa discussão no Brasil. A transição para a democracia, iniciada com o fim do regime em 1985 e marcada pela promulgação da Constituição de 1988, restabeleceu as liberdades civis e políticas. No entanto, a maneira como o país lida com o legado da ditadura, especialmente em relação à memória histórica, à justiça de transição e à responsabilização pelos crimes cometidos durante o regime, continua a influenciar o discurso político e social.

As ditaduras latino-americanas contemporâneas, incluindo o período ditatorial brasileiro, são um tema central nos estudos sobre autoritarismo, transições políticas e violações dos direitos humanos na América Latina. As ditaduras latino-americanas do século XX surgiram em um contexto de instabilidade política, conflitos sociais e intervenções externas, especialmente durante a Guerra Fria. Estados Unidos e União Soviética exerceram influência significativa na região, muitas vezes apoiando golpes militares ou movimentos autoritários que se alinhavam com seus interesses geopolíticos. Brasil, Argentina, Chile, Uruguai, Paraguai, entre outros, vivenciaram regimes militares caracterizados pela suspensão das liberdades civis, perseguição política, censura e uso sistemático da tortura e desaparecimentos forçados contra opositores.

O regime militar brasileiro, iniciado com o golpe de 1964, compartilha várias dessas características. Assim como seus vizinhos, o Brasil sob a ditadura reprimiu severamente a dissidência política, limitou a liberdade de imprensa e empregou táticas de terror para consolidar seu poder. O regime também promoveu uma agenda de desenvolvimento econômico que, apesar de ter gerado crescimento, resultou em desigualdade e endividamento externo significativos, como já mencionado.

Diferenças regionais entre as ditaduras latino-americanas

Embora haja semelhanças notáveis, é crucial reconhecer as diferenças específicas entre as ditaduras latino-americanas. O regime chileno sob Pinochet, por exemplo, é frequentemente lembrado pela implementação de políticas econômicas neoliberais radicais, enquanto a ditadura argentina é notória pela "Guerra Suja" e pelos "voos da morte". No Brasil, a repressão política e a censura foram intensas, mas o regime também buscou legitimar-se através de um projeto de modernização e desenvolvimento econômico.

"Enquanto alguns regimes militares na América Latina buscaram legitimar seu poder através de políticas de desenvolvimento econômico e modernização, os benefícios dessas políticas frequentemente se concentraram nas elites, exacerbando as desigualdades sociais e econômicas." (Martinez, 2019, p. 145)

As ditaduras latino-americanas contemporâneas, incluindo o período ditatorial brasileiro, representam um capítulo sombrio na história da região. A análise comparativa revela não apenas as semelhanças em termos de repressão e violações dos direitos humanos, mas também as diferenças nos contextos políticos, econômicos e sociais que moldaram cada regime. O estudo desses períodos fornece insights valiosos sobre os desafios da governança, os perigos do autoritarismo e a complexidade das transições democráticas na América Latina.

"A característica definidora dos regimes militares na América Latina foi o uso sistemático da violência e da repressão como mecanismos para manter o controle. Tortura, desaparecimentos forçados e execuções extrajudiciais tornaram-se ferramentas comuns de governança." (Garcia, 2018, p. 78)

Para detalhar as diferenças regionais entre as ditaduras latino-americanas, com ênfase no paralelo com o período ditatorial brasileiro, é importante analisar como as especificidades políticas, econômicas e culturais de cada país influenciaram a implementação e as consequências dos regimes autoritários. As diferenças entre os regimes refletem a diversidade da região e as variadas respostas às pressões internas e externas. Iremos abordar dois casos sul-americanos, Argentina e Chile.

Argentina e a "Guerra Suja"

A ditadura argentina (1976-83) é notória pela sua brutal "Guerra Suja", um termo que descreve a campanha de terror estatal contra supostos subversivos e opositores políticos. A repressão na Argentina destacou-se pela sua extrema violência e pelo uso de centros clandestinos de detenção: "Na Argentina, a 'Guerra Suja' constituiu uma das mais sombrias manifestações de violência estatal na América Latina, com a adoção sistemática de desaparecimentos forçados como estratégia para eliminar a oposição." (Fernandez, 2020, p. 88)

A Argentina vivenciou, entre 1976 e 1983, um dos períodos mais sombrios de sua história contemporânea. A ditadura militar, que tomou o poder através de um golpe de Estado, inaugurou uma era marcada por violações massivas dos direitos humanos sob a justificativa de erradicar a subversão e restaurar a ordem. Esse capítulo da história argentina, conhecido como "Guerra Suja", é caracterizado pelo uso sistemático da violência estatal contra civis, abrangendo assassinatos, torturas, desaparecimentos forçados e sequestros. Estima-se que cerca de 30 mil pessoas tenham desaparecido durante o regime, muitas das quais nunca foram encontradas, deixando famílias inteiras em uma busca dolorosa e incessante por verdade e justiça. A "Guerra Suja" não foi apenas uma estratégia de repressão interna, mas também um mecanismo de terror que visava silenciar qualquer forma de oposição política ou ideológica ao regime militar.

Antes do golpe de 1976, a Argentina já apresentava um histórico de instabilidade política e social. A década de 1970 foi particularmente turbulenta, com confrontos frequentes entre grupos de esquerda, organizações guerrilheiras como os Montoneros e o Exército Revolucionário do Povo (ERP) e forças de direita, incluindo o próprio Exército e grupos paramilitares. O contexto era de polarização extrema, com ambos os lados recorrendo à violência como meio de alcançar seus objetivos políticos. O governo de Isabelita Perón (de 1º de julho de 1974 a 24 de março de 1976), marcado por crises econômicas e incapacidade de controlar a violência política, criou um vácuo de poder que facilitou a tomada do Estado pelos militares. O golpe de Estado de 24 de março de 1976 foi recebido por parte da população como uma possível solução para a crise contínua, sem prever as consequências devastadoras que se seguiriam.

O golpe de 1976 marcou o início de uma das ditaduras mais brutais da América Latina. Liderado por um triunvirato militar composto de Jorge Rafael Videla, Emilio Eduardo Massera e Orlando Ramón Agosti, o regime rapidamente suspendeu as liberdades civis, aboliu a autonomia das instituições democráticas e estabeleceu a censura como política de Estado. O objetivo declarado era de "reorganização nacional", visando erradicar a influência da esquerda e restaurar a ordem econômica. No entanto, os métodos utilizados para alcançar tais objetivos revelaram-se implacavelmente brutais, marcando o início de uma campanha de terror estatal sem precedentes.

A repressão durante a ditadura argentina caracterizou-se pelo uso sistemático de centros clandestinos de detenção, onde suspeitos eram detidos sem processo legal, torturados e, muitas vezes, assassinados ou "desaparecidos". Estes centros, como a tristemente célebre ESMA (Escola de Mecânica da Armada), tornaram-se símbolos da crueldade do regime. A tortura, empregada como ferramenta de intimidação e extração de informações, variava em sua brutalidade e engenhosidade, deixando nas vítimas marcas físicas e psicológicas indeléveis. O desaparecimento de indivíduos, prática adotada pelo regime, visava não apenas eliminar opositores, mas também instaurar um clima de medo e incerteza na população.

As vítimas da "Guerra Suja" abrangiam um espectro amplo da sociedade argentina: estudantes, trabalhadores, intelectuais, ativistas políticos e até mesmo crianças, sequestradas com seus pais ou nascidas em cativeiro. As histórias de desaparecidos formam um mosaico doloroso de vidas interrompidas e famílias destruídas pela incerteza e pela perda. Organizações como as Mães da Praça de Maio surgiram em resposta a essa tragédia, desafiando o regime ao exigir informações sobre o paradeiro de seus filhos desaparecidos. Sua luta, marcada pela coragem e persistência, tornou-se um símbolo internacional de resistência contra a opressão.

A resistência ao regime militar assumiu várias formas, desde manifestações silenciosas e atos de desobediência civil até a atuação de organizações de direitos humanos, que documentavam violações e buscavam apoio internacional. A pressão exercida por estas organizações, juntamente com a crescente atenção da comunidade internacional, começou a expor as atrocidades cometidas pela ditadura, pressionando o regime tanto interna quanto externamente.

As consequências da "Guerra Suja" estendem-se muito além do fim da ditadura em 1983. A busca por verdade e justiça continua sendo um processo longo e doloroso para a sociedade argentina. Os julgamentos dos crimes da ditadura, embora tenham levado alguns responsáveis à justiça, são apenas uma parte dos esforços para confrontar o passado. As políticas de memória, verdade e justiça visam não apenas punir os culpados, mas também recuperar a história dos desaparecidos e reconstruir o tecido social rasgado pela violência estatal.

O legado da "Guerra Suja" na Argentina é complexo, marcado tanto pela dor e pela perda quanto pela luta incansável por memória, verdade e justiça. Este período da história argentina serve como um lembrete sombrio das consequências da repressão estatal e da importância da vigilância constante para proteger os direitos humanos e as liberdades democráticas. A memória daqueles anos ensina não apenas à Argentina, mas ao mundo, sobre a necessidade de resistir ao autoritarismo e a importância de lutar pela justiça, mesmo diante das adversidades mais sombrias.

Chile sob Pinochet: neoliberalismo e repressão

O golpe de 1973 no Chile, que levou Augusto Pinochet ao poder, marcou o início de um regime caracterizado por severa repressão política e a implementação de políticas econômicas neoliberais radicais. A experiência chilena é singular pela sua abertura precoce ao neoliberalismo, aconselhada pelos "Chicago Boys", economistas formados na Universidade de Chicago: "Sob Pinochet, o Chile tornou-se um laboratório neoliberal, onde reformas radicais transformaram a economia. Apesar do crescimento econômico, essas políticas exacerbaram a desigualdade e foram acompanhadas por intensa repressão política." (Soto, 2019, p. 112)

Em 11 de setembro de 1973, um golpe militar no Chile derrubou o governo democraticamente eleito de Salvador Allende, trazendo ao poder o general Augusto Pinochet. Esse evento não apenas alterou drasticamente a trajetória política do Chile, mas também marcou o início de um período de severa repressão política e experimentação econômica radical. Sob a liderança de Pinochet, o Chile se transformou em um campo de teste para as políticas neoliberais, orientadas pelos princípios de livre mercado ensinados por economistas da Universidade de Chicago, conhecidos coletivamente como "Chicago Boys". Essas reformas promoveram o crescimento econômico e transformaram a estrutura econômica do país, mas também exacerbaram a desigualdade e foram implementadas ao custo de intensa repressão política.

Antes do golpe, o Chile era um país de intensa atividade política e social, com uma forte tradição de democracia. O governo de Salvador Allende, eleito em 1970, representava uma coalizão de esquerda denominada Unidade Popular, que procurava implementar uma série de reformas socialistas através da nacionalização de indústrias-chave e reforma agrária. Estas políticas, embora populares entre suas bases, provocaram intensa oposição de setores conservadores, tanto no Chile quanto no exterior, especialmente nos Estados Unidos, que viam a ascensão do socialismo no Chile como uma ameaça durante a Guerra Fria. Essa polarização culminou no golpe de Estado, que foi justificado pelos militares como uma necessidade para restaurar a ordem e impedir o colapso econômico e social.

A chegada de Pinochet ao poder iniciou uma era de reformas econômicas neoliberais sem precedentes.

Aconselhado pelos "Chicago Boys", o regime rapidamente desmantelou as políticas socialistas de Allende, privatizando empresas estatais, abrindo o mercado chileno a investimentos estrangeiros, reduzindo o papel do Estado na economia e implementando políticas de austeridade. Essas reformas, embora inicialmente tenham levado a uma crise econômica aguda nos primeiros anos, resultaram por fim em um período de crescimento econômico sustentado. No entanto, esse "milagre econômico" veio com o custo de um aumento significativo na desigualdade e na marginalização de grandes setores da população.

Em paralelo às reformas econômicas, o regime de Pinochet é notoriamente lembrado por sua repressão política brutal. A DINA (Dirección de Inteligencia Nacional) e posteriormente a CNI (Central Nacional de Informaciones) foram criadas como ferramentas de repressão estatal, responsáveis por uma campanha sistemática de tortura, desaparecimento e assassinato de opositores políticos. Estima-se que milhares de chilenos tenham sido vítimas dessa repressão, com muitos mais torturados ou exilados. A repressão visava não apenas eliminar a oposição, mas também instaurar um clima de medo que restringia severamente a liberdade de expressão e de reunião.

As políticas neoliberais de Pinochet transformaram a economia chilena, mas também exacerbaram a desigualdade. Enquanto alguns se beneficiaram enormemente das reformas, muitos chilenos enfrentaram desemprego, diminuição dos salários reais e deterioração das condições de vida. A privatização da previdência e da educação criou barreiras significativas ao acesso a serviços essenciais, aumentando a desigualdade social e econômica. A sociedade chilena respondeu com protestos e greves, especialmente durante a crise econômica de 1982, mas enfrentou a repressão contínua do regime.

A pressão interna e internacional terminou por forçar Pinochet a convocar um plebiscito em 1988, que resultou na rejeição de sua continuação no poder. O Chile iniciou então um processo de transição para a democracia, culminando na eleição de um governo civil em 1990. A transição chilena é notável pela sua relativa estabilidade e pelo fato de Pinochet ter conseguido negociar imunidade e uma posição como senador vitalício, uma decisão controversa que reflete as complexidades da negociação do legado da ditadura.

O legado de Pinochet no Chile é profundamente ambíguo. Por um lado, suas políticas econômicas moldaram a economia chilena de maneiras que persistem até hoje, com o Chile frequentemente citado como um modelo de sucesso econômico na América Latina. Por outro lado, o custo humano de seu regime, em termos de vidas perdidas, torturadas e deslocadas, deixou cicatrizes profundas na sociedade chilena. A reavaliação histórica de seu regime continua sendo um tema de intenso debate no Chile, refletindo as divisões que seu governo exacerbou. Este esboço fornece uma estrutura para a elaboração de um texto detalhado que explore a complexidade do regime de Pinochet no Chile, abordando tanto as políticas econômicas implementadas quanto a repressão política exercida, e avaliando suas consequências de longo prazo para a sociedade chilena. É importante ressaltar a influência da Guerra Fria nesse contexto.

A análise do impacto da Guerra Fria nas Américas, especialmente no Chile sob a ditadura de Augusto Pinochet, revela uma intersecção complexa de ideologias globais e políticas internas. Por um lado, temos o legado profundamente ambíguo de Pinochet no Chile, onde as políticas econômicas neoliberais implementadas sob seu regime moldaram de maneira duradoura o tecido econômico do país, ao mesmo tempo que práticas repressivas deixaram cicatrizes indeléveis na sociedade chilena. Por outro lado, a influência externa, particularmente dos Estados Unidos durante a Guerra Fria, desempenhou um papel crucial não apenas no Chile, mas em toda a América Latina, ao apoiar regimes autoritários como uma estratégia de contenção ao comunismo. Esse cenário criou um palco para ações políticas e econômicas que tiveram ramificações profundas, tanto imediatas quanto de longo prazo, nas estruturas sociais, políticas e econômicas da região. Ao explorar esses dois aspectos — o legado de Pinochet e a política externa dos Estados Unidos durante a Guerra Fria —, obtemos uma visão mais matizada das forças que moldaram o Chile contemporâneo e a dinâmica política mais ampla da América Latina durante um dos períodos mais polarizados do século XX.

Influência externa e a Guerra Fria

Iremos falar brevemente sobre a Guerra Fria apenas para elucidar a sua importância na criação e implantação dos regimes ditatoriais na América do Sul. Contudo, não nos aprofundaremos no assunto, pois é uma matéria extensa e daria um artigo à parte.

Durante a Guerra Fria, os Estados Unidos adotaram uma política de contenção ao comunismo que, na América Latina, se traduziu no apoio a regimes autoritários como forma de evitar a influência soviética. Esta política é evidenciada pelo apoio dos Estados Unidos a golpes militares na região:

"A política externa dos Estados Unidos, durante a Guerra Fria, foi marcada pelo princípio da contenção do comunismo, levando a uma série de intervenções em nações latino-americanas para instalar ou apoiar regimes militares alinhados aos interesses americanos." (Smith, 2016, p. 102)

No contexto da Guerra Fria, a estratégia de contenção do comunismo adotada pelos Estados Unidos manifestou-se por meio de uma política externa que visava limitar a expansão da influência soviética globalmente, sobretudo na América Latina. Essa abordagem geopolítica, fundamentada na Doutrina Truman e ampliada pela Doutrina Monroe, impulsionou os Estados Unidos a uma série de ações diretas e indiretas na região, culminando no apoio a golpes de Estado e a regimes autoritários. A justificativa para tais intervenções estava ancorada na percepção de que governos com tendências socialistas ou comunistas na América Latina representavam uma ameaça iminente à segurança e aos interesses econômicos estadunidenses, potencializando a esfera de influência soviética no hemisfério ocidental. Este paradigma de política externa, conforme documentado por Smith (2016), não apenas reflete a dinâmica de poder durante a Guerra Fria, mas também evidencia uma complexa interação do anticomunismo ideológico com os interesses estratégicos dos Estados Unidos, levando à instalação ou à consolidação de regimes militares que, embora alinhados aos interesses americanos, frequentemente perpetravam violações sistemáticas dos direitos humanos e supressão da dissidência política. Esse período da história, portanto, ilustra uma contradição fundamental na política externa americana: a promoção da liberdade e da democracia em contraposição ao seu apoio pragmático a governos autoritários, uma dicotomia que deixou legados duradouros na região e moldou as relações interamericanas nas décadas subsequentes.

Ditadura e a universidade: a importância do contexto histórico de luta da Universidade de Brasília

No dia 7 de fevereiro de 2024 foi realizada a entrevista com o líder do Sindicato dos Trabalhadores da Fundação Universidade de Brasília (Sintfub), Edmilson Rodrigues de Lima, conhecido como Lima. A entrevista foi realizada na histórica sede do Sintfub no Campus Darcy Ribeiro, na Universidade de Brasília (UnB). O tema foi sobre a ditadura no Brasil, particularmente na UnB. Para Lima (2024), a Instituição abre um importante capítulo na história da educação superior brasileira, refletindo não apenas as nuances políticas que moldaram o país, mas também a resiliência e transformação de uma instituição-chave no cenário educacional brasileiro. Lima, servidor técnico administrativo e acadêmico com longo e profundo envolvimento na Universidade, traça um panorama desde a criação da UnB até os desafios e expectativas atuais, passando pelas diversas fases políticas que o Brasil enfrentou. Esta subseção é a transcrição da entrevista com o sindicalista e reescrita no formato de texto para esta publicação.

Para Lima (2024), a UnB foi concebida em um momento de efervescência cultural e política, marcado por um movimento robusto em defesa da educação pública. Fundada no final de 1961, a universidade emergiu como um símbolo de inovação e resistência, propondo um modelo educacional que refletisse as aspirações de um Brasil moderno e democrático. Darcy Ribeiro, um dos principais idealizadores da

UnB, vislumbrou uma instituição que fosse além dos limites tradicionais do ensino, engajando-se diretamente com as questões sociais e culturais do país. A UnB foi pensada para ser sem muros, de forma que fosse aberta para a sociedade.

Entretanto, a instauração da Ditadura Civil-Militar em 1964 impôs severas restrições à liberdade acadêmica e à autonomia universitária. A UnB, como outras instituições de ensino, sofreu com a perseguição a professores e estudantes, além de um direcionamento forçado para um pensamento alinhado aos interesses do regime. Esse período sombrio foi marcado pela censura, exílio de intelectuais e um clima de medo que permeou os corredores das universidades brasileiras. Apesar desses obstáculos, a UnB manteve sua essência de resistência, servindo como um bastião contra as políticas repressivas do governo.

O processo de redemocratização do país, iniciado na década de 1980, abriu caminho para uma gradual recuperação da autonomia universitária e da liberdade de pensamento. A Constituição de 1988, em particular, representou um marco significativo, reafirmando o compromisso com a educação pública gratuita e de qualidade. Movimentos estudantis, agora revitalizados, e a comunidade acadêmica começaram a reconstruir o projeto educacional que havia sido sufocado pela ditadura, buscando retomar os ideais originais da UnB.

Os governos subsequentes enfrentaram o desafio de reformar e expandir a educação superior no Brasil. Durante os mandatos de Lula, por exemplo, programas como o Reuni (Programa de Apoio a Planos de Reestruturação e Expansão das Universidades Federais) impulsionaram significativamente o acesso à educação superior, refletindo um esforço para democratizar o ensino e expandir as oportunidades para uma população cada vez mais diversificada. A UnB viu seu corpo discente crescer exponencialmente, além de um aumento substancial na infraestrutura e no número de cursos oferecidos. Tais iniciativas marcaram um período de renovação e expansão sem precedentes, destacando o papel vital da educação no desenvolvimento nacional.

No entanto, não sem desafios, períodos de austeridade econômica e políticas neoliberais impactaram negativamente o financiamento e a gestão das universidades públicas. Governos mais recentes, como o de Bolsonaro, foram marcados por uma postura hostil em relação à educação e à ciência, exacerbando as dificuldades enfrentadas pelas instituições e pela comunidade acadêmica. A pandemia de covid-19 adicionou uma camada extra de complexidade, desafiando a capacidade de resposta do sistema educacional brasileiro em um momento de crise global.

Apesar desses obstáculos, a entrevista de Lima transmite uma mensagem de esperança e renovação. A eleição de novos governos oferece a possibilidade de reverter as tendências recentes, reafirmando o compromisso com a educação como um direito fundamental e um pilar para o desenvolvimento sustentável e inclusivo do Brasil. O futuro da UnB e das universidades brasileiras, portanto, parece estar em um ponto de inflexão, com a potencialidade de retomar seu crescimento e sua missão de contribuir não apenas para o progresso do país, mas também para um diálogo mais amplo na América Latina e no mundo.

A história da UnB, entrelaçada com a trajetória política e social do Brasil, reflete a luta contínua pela educação como um veículo de transformação e emancipação. A entrevista de Lima não apenas resgata esse legado, mas também projeta luz sobre os caminhos possíveis para uma universidade que permanece, até hoje, um símbolo de resistência, inovação e esperança para o futuro da educação no Brasil.

Arte, artistas e fotógrafos durante a Ditadura Civil-Militar no Brasil: uma perspectiva científica

Esta subseção oferece uma visão geral, fundamentada cientificamente, sobre o papel da arte, dos artistas e dos fotógrafos durante a Ditadura Civil-Militar no Brasil, abordando os contextos e desafios enfrentados, a resistência através da arte, os movimentos culturais da época e o legado e o impacto contemporâneo dessas expressões artísticas.

Durante a Ditadura Civil-Militar no Brasil, artistas e fotógrafos enfrentaram uma censura e repressão severas, com o regime militar implementando mecanismos rigorosos para controlar a expressão cultural e suprimir qualquer arte considerada subversiva. Apesar desses desafios, muitos usaram suas obras como formas de resistência, comunicando mensagens políticas de maneira velada e criativa para escapar da censura.

Movimentos como a Tropicália, iniciado no final dos anos 1960, exemplificam a resposta dos artistas brasileiros à ditadura. Combinando música, teatro, poesia e artes visuais, artistas como Caetano Veloso, Gilberto Gil e Hélio Oiticica expressaram críticas sociais e políticas, desafiando as normas estabelecidas. Além disso, a arte abstrata e o uso de códigos simbólicos foram estratégias adotadas para driblar a censura, representando sentimentos de opressão, resistência e esperança.

A fotografia também desempenhou um papel crucial, com fotógrafos como Evandro Teixeira e Orlando Brito documentando os atos de repressão e as manifestações contra o regime. Suas obras serviram como um registro importante da realidade vivida e como meios de criar consciência social sobre as injustiças e violações de direitos humanos.

O legado dessas expressões artísticas é significativo, continuando a influenciar gerações de artistas e fotógrafos brasileiros. As obras criadas durante a ditadura são usadas hoje como ferramentas educacionais e de memória, ensinando sobre esse período da história brasileira de forma mais envolvente e emocional. Entre a captura crua da realidade pelas lentes de fotógrafos como Evandro Teixeira e Orlando Brito e o vasto território da arte contemporânea, onde a linha entre o documental e o ficcional se torna cada vez mais difusa, existe um campo fértil de discussão e criação. O impacto das obras geradas durante a ditadura não se limita ao seu valor histórico ou ao papel que desempenharam na resistência ao regime; elas também estabelecem um diálogo profundo com as questões que permeiam a fotografia na era pós-moderna. Esse legado é um ponto de partida crucial para explorar como a fotografia, ao transitar entre o documental e o artístico, pode desafiar nossa percepção do real e do ficcional. Nesse contexto, a transmutação da fotografia na pós-modernidade reflete uma mudança não apenas nas técnicas e na estética, mas também nas narrativas que escolhemos contar e na forma como compreendemos e questionamos a realidade que nos circunda. Ao investigar essas fricções, propomos uma reflexão sobre como o dispositivo fotográfico, historicamente atrelado à documentação e à captura do "real", evoluiu para abraçar a ambiguidade, a interpretação e a expressão artística, influenciando não apenas a arte contemporânea, mas também a forma como documentamos e interpretamos nossa própria existência.

A fotografia documental e a ficcional

Esta subseção utiliza uma escrita com teor mais acadêmico e denso, e é parte da minha dissertação de mestrado apresentada no Instituto de Artes da UnB (2019), que posteriormente foi publicada como artigo científico na *Revista ARS* da Universidade de São Paulo (USP). Por ser um texto que homenageia um grande fotógrafo brasileiro, Orlando Brito, faz-se necessário abordar as discussões a respeito da fotografia contemporânea no âmbito acadêmico. Essa subseção tem por objeto compreender as fricções entre a fotografia documental e a fotografia artística e como essas questões se imbricam com a noção de real e ficcional, documental e artístico.

Para isso, abordamos autores, pesquisadores e teóricos da fotografia, artes visuais, história, sociologia, arte e tecnologia que embasam e proporcionam recursos teóricos que fundamentam este trabalho. Entendemos que passamos por uma transmutação imagética global e que a fotografia tem ingerência e ativa participação nessa questão histórica, seja pela influência sobre a pintura no século XIX[1] seja pela sua própria reinvenção no século XX, obtendo mais liberdade no fazer e no criar artístico, promovendo, consequentemente, novas possibilidades conceituais para

---

[1] Sabe-se que quando a fotografia surge, na segunda metade do século XIX, ela é entendida como um suporte meramente técnico de registro utilizado por pintores de paisagens topográficas e panorâmicas (Magalhães, 2004), sendo essa a sua ligação inicial com o meio artístico. Desde sua origem, a fotografia está intrinsecamente ligada à pintura, à estética da pintura e à concepção de real da época. Hoje, observamos um movimento contrário, uma inversão de valores, os pintores hiper-realistas, que surgiram por volta de 1970, valorizam a técnica e se aproximam dos códigos utilizados pelas imagens fotográficas. Esse movimento "se esforça por tornar-se mais fotográfico que a própria foto". (Dubois, 1994, p. 274)

o real que fogem dos conceitos binários preestabelecidos culturalmente na sociedade moderna. Consideramos que a liberdade adquirida pela fotografia a partir da emancipação da tecnologia digital tem interferência direta na dilatação dos conceitos de verdade e metanarrativas contemporâneas por permitir, de forma visual, acesso a mundos até então desconhecidos.

Fotografia na modernidade: documental e científica

A partir do século XIX, a fotografia toma seu lugar no mundo das imagens. De acordo com Monteiro (2012, p. 11), desde o início a fotografia esteve ligada à representação e à noção de imitação do real. A imagem fotográfica emerge de uma troca simbólica e de um simulacro, situando-se entre a mimese e a representação. Essas imagens alteram radicalmente o contexto da Revolução Industrial ou Revolução Técnico-Científica e passam a ter destaque na sociedade, assumindo funções como agenciar a memória, manter a coesão social e exercer controle político.

"Por um lado, a fotografia veio responder a uma demanda crescente de imagens e de autorrepresentação da burguesia em ascensão, buscando uma forma de fabricar imagens de forma rápida e consideradas fiéis ao seu referente. De outro lado, o dramático processo de urbanização criou a necessidade de controlar e disciplinar um contingente diversificado de sujeitos em uma sociedade de massas, criando a foto de identificação." (Monteiro, 2012, p. 11)

Para explicarmos a fotografia na modernidade, delimitamos o recorte histórico do final do século XIX que marca o surgimento oficial da fotografia, da sociologia e da antropologia social. Desde seu nascimento, a fotografia passou a ser utilizada pela ciência, contribuindo para modernizar o conhecimento e como forma de representar a realidade das pessoas. Durante décadas ela foi associada à representação do real e utilizada pela ciência.

No final do século XIX, de acordo com Milton Guran (2013, p. 96), "a fotografia rapidamente se impõe como uma ferramenta da ciência moderna e adquire reconhecimento pelas ciências exatas. Aos poucos, passou a ser reconhecida, também, no campo das ciências sociais, que surgiam justamente no mesmo momento, sendo a data oficial de invenção da fotografia 1839, enquanto o nascimento da sociologia data de 1840".

Guran (2013, p. 97) explica que, como hoje, a sociedade daquela época passava por inúmeras mudanças políticas, econômicas e sociais que suscitaram a necessidade de responder às demandas da sociedade da época por um autoconhecimento, sobre como a sociedade se organizava, e resolver a crise de representação plástica da época. Sob esses anseios e impasses, surgiram a fotografia e a sociologia. Por volta da década de 1840, a Europa havia se lançado na política de ocupação colonial da África e da Ásia, e, devido à necessidade de conhecer e entender o "outro", nasceram novos ramos das ciências sociais, a etnologia e a antropologia social.

O realismo que a fotografia proporcionava oferecia à antropologia uma visão objetiva de uma coleção de fatos, facilitando a organização sistemática e a análise desses fatos. Assim, a fotografia trouxe, para a poltrona do antropólogo, o sujeito, seu objeto de pesquisa (Wright, 1992, p. 20).

"[...] fotografias [...] são restituídas a um contexto vivo; não ao contexto temporal original em que elas foram criadas, mas ao contexto da experiência. E, lá, suas ambiguidades enfim tomam-se verdadeiras, permitindo que elas sejam apropriadas pela reflexão. O mundo que elas revelam, congelado, se toma tratável. A informação que elas contêm se toma permeada por sentimentos. Aparências se tomam a linguagem de vidas vividas." (Berger; Mohr, 1982, p. 289)

O fotógrafo, na era moderna, era entendido pela sociedade, e isso era uma espécie de convenção, um contrato social assinado por toda a sociedade da época de que o registro fotográfico era a memória inquestionável do registro visual daquele fato ou acontecimento político. É importante esse entendimento, pois esse registro era tido como prova concreta e testemunhal de que o conteúdo representado naquela imagem era real. Não se questionava aquela imagem. Ela era aceita e incorporada ao imaginário coletivo automaticamente, sem nenhum tipo de filtro. E por essas características era utilizada de forma científica e acadêmica, sendo amplamente empregada pela antropologia para estudar populações de povos originários.

Para a antropóloga Elizabeth Bittencourt (1994), a utilização da imagem fotográfica como representação do real pela antropologia, que é notória como disciplina acadêmica por estudar cientificamente o ser humano, se tornou um poderoso instrumento para geração e a manutenção de um regime da verdade. Por interesses políticos, de poder e de controle, a fotografia foi utilizada para manter e em alguns casos criar o regime de verdade que estigmatizava os criminosos, os loucos, os pobres, os indígenas, os quilombolas e todos os segmentos considerados subalternos.

Durante muito tempo, a antropologia utilizou a fotografia para vigilância e estigmatização "do selvagem e do exótico enquanto Outro". Para Bittencourt (1994), esse meio de vigilância criou um regime de verdade específico e construiu estereótipos que posicionaram o "Outro em relação a uma noção de Nós de seus produtores" de imagens. Criou imagens exóticas de pessoas e lugares, até então desconhecidos para a sociedade, ou seja, criaram-se, além de imagens, aqueles povos e lugares. Na antropologia, a documentação fotográfica foi largamente utilizada na segunda metade do século XIX como um meio para justificar uma ideia relacionada à raça e a sistemas antropométricos (Spencer, 1992 *apud* Bittencourt, 1994). A fotografia demonstrou ser um potente instrumento para a criação de realidades, regimes de verdade e de poder.

Após essas décadas iniciais em que a fotografia foi largamente utilizada pelas ciências sociais e como ferramenta para criar regimes de verdade institucionalizados, não é de estranhar que tenha ficado na memória das massas seu caráter de representação do real. A fotografia tinha forte ligação com a ciência e possuía credibilidade por estar ligada também ao fotojornalismo e às ciências sociais.

No período da Segunda Guerra Mundial, compreendido academicamente da década de 1920 à de 1930, há a popularização da fotografia de guerra. Devido às influências das décadas anteriores, as fotografias de guerra eram tidas como representação do real. As imagens não passavam por filtros ou por reflexões profundas, sendo assimiladas instantaneamente pelo público. Nessa época, a fotografia populariza-se ainda mais por meio do fotojornalismo e da imprensa ilustrada, que noticiam a guerra mundial. A ascensão das imagens fotográficas promove a mudança estética dos editoriais da época, o visual passa a ter mais importância. Nessa época já havia indícios de encenação nas fotos. A fotografia "A morte do soldado republicano", do icônico fotógrafo Robert Capa, que mostra um soldado sendo baleado durante a Guerra Civil Espanhola, é um desses casos. Alguns analistas dizem que a trajetória da bala e o posicionamento do corpo do soldado ao ser atingido não podem ser reais. O negativo dessa fotografia ficou desaparecido durante anos, e com o reaparecimento, em meados dos anos 2000, surgiram indagações não apenas sobre a encenação na fotografia, mas também sobre a autoria da foto. A foto foi publicada pela primeira vez na revista francesa *Vu*, em 1936, e ajudou a solidificar o apoio social à causa republicana.

Vale ressaltar que no período que compreende o final do século XIX e o início do século XX a fotografia, a reprodução mecânica da realidade, era a tecnologia de ponta no quesito representação de imagens. Sua concorrente direta, a pintura, a forma artesanal de representação do real, abriu mão do duelo pela concorrência em representar o real e mergulhou progressivamente em um processo de abstração, eliminando os traços reconhecíveis do mundo tangível e das imagens visíveis, criando novas linguagens abstratas e lúdicas. A pintura foi aos poucos se libertando da função de representar o real e mergulhou na criação e no fazer artístico, dando origem a inúmeros movimentos artísticos que surgiram no final do século XIX e início do século XX.

"Pela primeira vez no processo de reprodução da imagem, a mão foi liberada das responsabilidades artísticas mais importantes, que agora cabiam unicamente ao olho. Como o olho apreende mais depressa do que a mão desenha, o processo de reprodução das imagens experimentou tal aceleração que começou a situar-se no mesmo nível que a palavra oral." (Benjamin, 1987, p. 19)

Outra questão importante que a máquina fotográfica propiciou foi a diluição do conceito de distância, pois, de acordo com Rosalind Krauss (1986), ao levar a imagem de lugares distantes, acontecimentos únicos, mostrava o mundo de pontos de vista desconhecidos até então, concebendo novos mundos, novas galáxias, novas possibilidades de vida. A autora dá como exemplo imagens como a de microscópios que mostram microrganismos invisíveis a olho nu, assim como imagens subaquáticas das profundezas do oceano, imagens aéreas e espaciais. As grandes expedições aos confins do mundo que retornaram com imagens de povos exóticos com tradições e culturas estranhas. A fotografia mudou a maneira de ver o mundo, ao mesmo tempo que propunha também uma nova concepção para a experiência de "estar lá", de descoberta de um lugar, de um Outro ser, estranho.

Uma das grandes razões para o crescimento da fotografia foi a de suprir o imaginário humano. O ser humano sempre se guiou pela imaginação, pelo fantástico, em que sonhos se confundem com realidade. Os textos de outrora sempre fizeram o homem usar a imaginação para criar, porém dificilmente se tinha um resultado visual que se aproximasse da realidade dos fatos. As notícias escritas relatavam os fatos, descreviam o que aconteceu, porém imageticamente ficavam muito soltas no pensamento. Faltava a visualidade. Ver o local, ver as pessoas, algo mais tangível, mais próximo do fato real.

A fotografia adquiriu muita importância nessa época porque levava a pessoa até o local, proporcionava uma visão mais realista do fato, amarrava o pensamento a uma imagem condizente com a realidade, de certo modo fazia com que a pessoa se sentisse presente no acontecimento. Na fotografia moderna, o fantástico emana do real em uma espécie de realidade aumentada da época.

Hoje, com os estudos em cultura visual, temos definições mais amplas sobre a fotografia. Existem várias escolas estudando e desenvolvendo pesquisas sobre a fotografia e as imagens que ela produz. Ana Maria Mauad (2008) apresenta as seguintes classificações e suas respectivas definições: "A fotografia anedótica é a que trata apenas de criar recordações de fatos, pessoas ou coisas [...] É a mais fácil das três divisões, e a que realmente os "amadores" praticam. Assim, um grupo de amigos, um recanto de jardim, um folguedo de criança etc. são fotografias anedóticas de interesse estritamente limitado a quem conheça o fato pessoa ou coisa. A fotografia documentária é a que visa, de modo mais aproximativo da verdade, grafar fatos, pessoas ou coisas, como sejam a fotografia de reportagem, a topografia, a microfotografia, a de identificação etc. Fotografia artística ou pictorial é a que traduz a sentimentalidade ou estado de alma experimentado pelo artista ao contemplar um motivo [...] na fotografia pictorial aplicam-se na generalidade as mesmas normas de composição e perspectiva do desenho e da pintura [...] O pictorialista deverá antes de tudo ser um hábil manipulador e técnico consciente de todos os processos, sem o que não poderá obter desde a "exposição" até a impressão do fotograma, o cunho de individualidade que é básico e imprescindível em qualquer obra de arte." (Mauad, 1930, p. 6)

A imagem fotográfica documental era vista como uma dimensão do real, um objeto tridimensional transformado em um objeto bidimensional, impressa em um suporte de papel. Naquela época, seu único entendimento era ser o espelho do real, a constatação irrefutável de que o fato aconteceu e aconteceu exatamente como está lá, registrado na imagem impressa, capaz de congelar a imagem em um pedaço de papel e fazê-la sobreviver à passagem do tempo. Não apenas pela imagem que produz, mas por ter convergido do meio analógico para o digital, ela mais uma vez subverteu o jugo da tirania do tempo.

Para Barthes (2006), um dos teóricos modernos que pesquisaram e escreveram sobre a fotografia analógica, a imagem técnica produzida por esse tipo de fotografia era a certificação da existência do que fora visto pelo fotógrafo, não podendo mentir sobre a existência do seu referente, sendo essa particularidade o que a tornaria tão distinta da pintura, que, segundo o autor, poderia de alguma forma receber interferência do pintor e apresentar uma imagem manipulada. Barthes definiu a natureza da fotografia dessa época como "isto existiu".

Entretanto, temos de elucidar algumas questões referentes ao início da fotografia. Alguns autores dizem que sempre houve encenação na fotografia, desde os primeiros anos de sua criação a representação a acompanha e faz parte da criação e do fazer fotográfico. Suzana Dobal (2013, p. 81) fala sobre a prática, que, de certa forma, une a literatura, o imaginário e o retrato nos primórdios da fotografia. Para essa autora, uma prática recorrente em fotografias do século XIX eram retratos de *performance* em que os personagens se divertem com representações de *tableux vivants.* "A utilização da fotografia, no entanto, não se resumia ao mero registro, pois logo os fotógrafos se tornariam diretores da encenação para obter o máximo de expressividade da cena" (p. 82).

A questão levantada por Dobal (2013) sobre o uso da encenação na fotografia desde sua origem abre espaço para adentrarmos na teoria criada por Soulages (2010), "Isto foi encenado", em que o autor considera a encenação uma possibilidade estética[2] de representação, a partir de uma das mais populares técnicas fotográficas, o retrato de pessoas. Com base em uma análise inicial sobre o gênero retrato, o autor questiona se aquele retrato, por meio do enquadramento simples, da escrita com a luz, seria uma fotografia direta: seria essa uma fotografia que apresenta a realidade? O referente seria retratado sem que houvesse nenhum tipo de relação afetiva, de poder, cultural, psicológico, social, ou seja, sem qualquer intervenção do fotógrafo? Estaria imune à presença da câmera apontada em sua direção e não reagiria com algum tipo de interpretação, mesmo que espontânea?

Para Soulages (2010), mesmo a fotografia de retrato está impregnada do jogo teatral por parte do sujeito e pela incapacidade do fotógrafo de captar o verdadeiro "eu" do sujeito, constituído por sua identidade expressa em diferentes camadas: material (corpo), subjetiva (alma, espírito), psíquica (ego), cultural etc., "fotografando apenas a aparência visual" do sujeito. Assim, todo retrato é um jogo de tensões construídas a partir do que o retratado quer mostrar e do que o fotógrafo vê dentro de uma realidade ficcional, encenada, momentânea, que acontece por meio de sinergia entre os dois em um determinado espaço e tempo. Para o autor, deve-se sempre considerar a existência de encenação mesmo que inconsciente de ambas as partes, pois, ainda que a captura da imagem ocorresse de forma

[2] O autor objetiva, por meio de uma análise ontológica da imagem fotográfica, delimitar uma estética única que permita abranger a múltipla e complexa natureza da fotografia, desde seu processo de produção até o recebimento da imagem e a interpretação desta pelo receptor.

desprevenida, não estaria privada de filtros psicossociais, culturais, ideológicos. Ainda de acordo com Soulages, o fotógrafo é um criador, sua escolha cria a realidade, ele é o "Deus de um instante" e toda foto, uma encenação que graças ao seu imaginário atribui materialidade, forma e sentidos à imagem.

Desse modo, o autor defende a autoria do processo criativo do fotógrafo, que por meio de sua experiência de vida, técnica, ideologia, estética e noções artísticas fabrica imagens dotadas de poética, potência crítica e política, com o objetivo de atingir novas realidades: "A fotografia não é mais citação da realidade, mas história encenada. O autor não quer captar um acontecimento que ocorreu em um dado instante, mas contar uma aventura que se desenvolve durante certo tempo." (2010, p. 79)

Nas atuais discussões acadêmicas na pós-modernidade, ainda são recorrentes as discussões sobre a manipulação de imagens, que, como vimos, existem desde os tempos da pintura e provavelmente continuarão a existir pelo simples fato de que precisamos de mentiras e de verdades para basearmos nossas vidas e continuarmos atuando nos papéis sociais que escolhemos viver. Por esse fato, faz-se necessária a pergunta: "Em qual mentira eu vou acreditar?" (Racionais MC's, 1997).

Com base nas definições e nas conceituações históricas sobre a fotografia na modernidade e suas relações com a sociedade, com a ciência, com os regimes de verdade, fica claro que ela teve atuação considerável na expansão dos regimes de verdade e metanarrativas de vidas, além de ter sido usada para a (re)construção de regimes de poder e vigilância. Compreendemos que a maioria dos fotógrafos da época atuava por meio de sensos morais e éticos que os guiavam quando produziam suas imagens. Entretanto, entendemos também que a moral e a ética nem sempre são utilizadas para a libertação das pessoas, podendo ser utilizadas para a dominação e a colonização dos indivíduos. Também entendemos que desde o início da fotografia houve encenações e ativa participação do fotógrafo na construção das cenas.

A seguir exploraremos os sensos morais e éticos da fotografia ao adentrarmos e aprofundarmos nossa pesquisa nos conflituosos territórios do fotojornalismo, do fotodocumentarismo e da fotografia artística, delimitados por uma borrada linha limítrofe.

Fotodocumentarismo, fotojornalismo e fotografia artística

Existe uma linha tênue que separa a fotografia documental da reportagem fotográfica, e no mundo contemporâneo essa fronteira é constantemente borrada. Entretanto, para conseguirmos fazer uma análise acadêmica, vamos delimitar as fotografias pelas suas principais características, definindo-as como fotojornalismo e fotodocumentarismo. Posteriormente, entraremos na fotografia artística. Não estamos propondo definições vitalícias, até porque existem inúmeras discussões a respeito da fotografia e de suas conceituações, sendo debatidas em diferentes escolas, em diferentes continentes, sem que haja uma definição 100% consensual. Estamos apenas definindo um escopo e propondo uma definição objetiva e sintética sobre o fotojornalismo, o fotodocumentarismo e a criação artística na fotografia para prosseguirmos com esta pesquisa.

O fotojornalismo tem como primazia informar assuntos de importância momentânea, de forma objetiva e instantânea, ou seja, está enraizado historicamente a conceitos de verdade e ética. Por representar acontecimentos em tempo real, adquiriu fundamental importância no cotidiano das cidades, pois pauta as discussões da vida em sociedade. A alma do fotojornalismo envolve a ideia de que o fotojornalista, ou repórter fotográfico, testemunha a realidade e com um tiro representa e evidencia a existência de um acontecimento no espaço-tempo. Por meio de suas imagens, ajuda os outros a verem e entenderem lugares e situações distantes. Os fotojornalistas estão no meio do caminho entre o jornalista e o fotógrafo. Geralmente trabalham para a imprensa ou em outros projetos editorais ligados à produção de informação e/ou como freelancers, independentes.

O fotodocumentarismo abrange praticamente todas as características do fotojornalismo, diferenciando-se em duas questões básicas: a primeira é o tempo, é intemporal, e a segunda é a possibilidade de utilizar a subjetividade na construção imagética do projeto fotográfico. Os fotodocumentaristas trabalham com projetos fotográficos que exigem pesquisa prévia, financiamento, e, geralmente, se relacionam com o objeto do projeto, sendo este último qualquer assunto que tenha significado para o ser humano. Notamos aqui que o fotodocumentarismo é mais permissivo na construção da narrativa visual, porém também está historicamente ligado aos conceitos de real e ética, e na década de 1930 estabelecia-se sobre o tripé: verdade, objetividade e credibilidade. Os fotodocumentaristas e os etnógrafos foram e continuam sendo responsáveis pela criação imagética da maioria dos povos tradicionais e originários que temos em mente na atualidade.

Por sua vez, a produção de uma imagem fotográfica artística pode ser explicada pelo exemplo proposto por Soulages (2017), quando nos convida a refletir sobre o ato do artista. Nesse caso, ele utiliza o pintor e questiona a natureza da imagem e do ato deste de pintar uma paisagem. Para ele, a imagem, a pintura apresentada, é a imagem de uma imagem, não apenas a representação da paisagem, estando ligada a algo já existente no subconsciente, na memória, no pensamento do artista, que ele materializa em um suporte como forma de se inscrever, conscientemente, no mundo e na história da arte. Ele pinta o quadro com o objetivo de fazer arte. Quando o artista atinge essa lucidez, esse entendimento sobre sua criação, que não é necessário à tarefa de pintar a realidade, ele atinge o campo da arte. Ele escolhe uma nova postura, a do artista de escolher um novo produto, o produto artístico, e essa liberdade seria a grande revolução, que não teria mais o objeto como centro e sim o próprio sujeito.

Esse pensamento de libertação e consciência que Soulages (2017) traz é o cerne da fricção entre a fotografia documental e a artística, entre o fotógrafo documental e o fotógrafo artista, entre fotografar coisas e objetos e fotografar sentimentos, sonhos e emoções. É uma linha tênue e conflituosa, mas existe. De um lado o trabalho de informar e registrar, e, do outro lado, o de brincar, criar arte e afeto. "O sujeito criador seria o correlato da imagem de imagens; ele não seria mais dependente do objeto-realidade; ele escolheria livremente uma imagem-objeto já integrada em um mundo." (Soulages, 2017, p. 143)

Soulages (2010) defende ainda que fotos são objetos enigmáticos que habitam nossa imaginação e imaginário, uma espécie de vestígio para a percepção, sendo responsabilidade do receptor decodificá-la e elaborar as conexões entre o passado e presente, o efêmero e o permanente, o antes e o depois, "deter o tempo, tornar presente para sempre o passado, transformar um instante em eternidade, um mundo em imagem" (p. 209).

Ainda define a foto como a articulação entre a perda e a permanência, sendo a perda ligada ao que envolve o ato fotográfico, como enquadramentos, escolha do objeto, interferência do fotógrafo no fluxo temporal, enquanto a permanência é o que fica gravado na matriz e na cópia, que atravessa as noções de espaço-tempo e nos permite viver a relação com diversas realidades em inúmeras possibilidades temporais que irão conversar com o observador atiçando seu inconsciente, o que de certa forma a torna uma obra aberta. É necessário mergulhar na imagem para descobrir procedimentos utilizados na construção da fotografia que não estão explícitos no resultado apresentado. A fotografia não tem relação imediata com a realidade, pois resulta de várias realidades.

Na interseção da encenação com a autenticidade que define o trabalho de Orlando Brito, a teoria de Soulages sobre a encenação na fotografia se revela profundamente relevante. Brito, com seu olhar perspicaz, capturou não apenas momentos de tensão política e social durante a ditadura brasileira, mas também a complexidade humana e as nuances de cada cena. Através de suas lentes, a realidade foi tanto documentada quanto interpretada, refletindo a dualidade explorada por Soulages. Cada imagem de Brito carrega consigo uma história encenada, um fragmento de tempo que, embora enraizado na realidade, é permeado pela subjetividade do fotógrafo e pela expressão dos fotografados. Essa fusão entre o documental e o artístico, entre a verdade factual e a interpretada, não só enriquece o legado de Brito mas também ilustra a capacidade da fotografia de transcender a simples documentação, transformando-se em um meio poderoso de narração e reflexão. À luz dessas considerações, o trabalho de Brito emerge não apenas como uma crônica visual de um período crítico na história brasileira, mas também como um estudo sobre a natureza da fotografia, a interação de fotógrafo e sujeito, e a perpétua dança entre realidade e representação.

Relevância contemporânea das fotografias de Brito

As fotografias de Brito são um testemunho visual da época da ditadura, oferecendo uma janela para o passado tumultuado do Brasil. Essas imagens vão além do registro histórico; elas capturam a essência da resistência e da repressão, elementos que encontram paralelos em muitos eventos contemporâneos ao redor do mundo. A análise dessas fotografias permite uma comparação entre o passado e o presente, destacando como os temas de autoritarismo e resistência continuam pertinentes.

Aqui, refletimos sobre os desafios enfrentados por Brito durante sua carreira, com foco especial nos anos da Ditadura Civil-Militar, examinando as dificuldades que ele enfrentou, incluindo a censura e os riscos pessoais, e como isso moldou sua abordagem à fotografia. Além disso, abordamos as limitações da fotografia como uma ferramenta de resistência e documentação histórica, considerando fatores como a manipulação de imagens e as limitações impostas pela tecnologia da época.

Além de refletir a situação política da ditadura brasileira, as imagens de Brito ecoam temas de resistência que são universais e atemporais. Analisamos especificamente como essas fotografias ilustram os aspectos da vida sob um regime opressivo e como esses temas se relacionam com os desafios atuais enfrentados em várias partes do mundo. A comparação entre as imagens de Brito e eventos contemporâneos oferece uma perspectiva enriquecedora sobre como a luta pela liberdade e justiça continua relevante.

As obras de Brito desempenham um papel crucial no entendimento contemporâneo da liberdade de expressão e dos direitos humanos. Suas fotografias, muitas vezes usadas em debates e educação sobre direitos humanos, servem como poderosos lembretes das consequências da repressão e da importância da vigilância contínua contra violações dos direitos humanos.

Em regimes autoritários, a fotografia pode se tornar uma forma de resistência e expressão. O trabalho de Brito ilustra como a fotografia pode desafiar narrativas oficiais e oferecer uma perspectiva alternativa sobre eventos e condições sociais. Suas imagens ressoam com movimentos globais que lutam pela democracia e pela transparência, evidenciando o papel universal da fotografia como um meio de resistência. Entretanto, é necessário enfatizar o que Brito dizia sobre a atualidade, na democracia: "Antes você conseguia fotografar tudo, mas não podia publicar nada. Hoje você pode publicar tudo, mas não consegue fotografar nada.[3]" É interessante refletirmos sobre essa crítica de um dos principais fotógrafos brasileiros.

---

[3] FRANCO, Bernando Mello. "Nínguém fotografou a ditadura como Orlando Brito". *O Globo*, 12 mar. 2022. Disponível em: https://blogs.oglobo.globo.com/bernardo-mello-franco/post/ninguem-fotografou-ditadura-como-orlando-brito.html.

As fotografias de Orlando Brito, capturadas no limiar da redemocratização do Brasil, representam muito mais do que documentos históricos, são a materialização poética de um país em um momento crítico de sua história. Na primeira fotografia, vemos a tensão palpável nas linhas de policiais militares, seus rostos obscurecidos pelos capacetes, os corpos posicionados como barreiras entre a ordem estabelecida e o clamor por mudança. A imagem fala do peso da autoridade, da vigilância constante e da ameaça silenciosa que pairava sobre os cidadãos. Essa força armada, posicionada em frente ao cenário icônico de Brasília, parece representar a última resistência de um regime que estava prestes a ceder lugar à democracia.

A segunda imagem, com sua perspectiva elevada e centralizada, captura soldados em formação rigorosa diante

Populares festejam na cúpula do Senado a chegada da Nova República.

Tropas militares sempre presentes para oprimir a população.

do Congresso Nacional, um edifício que deveria simbolizar a voz e a vontade do povo. A arquitetura de Niemeyer, projetada para representar a abertura e a transparência, é ofuscada pela presença opressiva do regime militar, com os soldados em primeiro plano servindo como um lembrete contundente do poder repressivo que dominou o país durante décadas.

Ambas as imagens são evocativas de uma época em que o Brasil estava suspenso entre o passado autoritário e um futuro democrático incerto. A presença militar volumosa e a arquitetura monumental de Brasília se entrelaçam numa dança de poder e política, onde cada elemento é carregado de significado. Brito, com sua sensibilidade e olhar crítico, captura o contraste entre a imobilidade das estruturas de concreto e a energia vital dos movimentos sociais que exigiam mudança.

Essas fotografias, em sua composição e significado, transcendem a realidade factual para adentrar o domínio da arte. Eles revelam as camadas de tensão e esperança, de repressão e resistência que definiram o período. São imagens que, como um poema visual, convidam à reflexão e ao diálogo com a História. Através do olhar de Brito, o fim da ditadura militar não é apenas um evento histórico, mas uma narrativa visual complexa, cheia de nuances e emoções, um reflexo da alma de uma nação que ansiava por liberdade.

Enquanto a ditadura tentava impor um silêncio forçado, as fotografias de Brito falam. Elas narram a história não contada, os suspiros abafados, os sonhos sufocados sob o peso de botas militares. Mas elas também capturam o momento de expiração desse silêncio, o exalar coletivo de um país à beira

Soldado monta guarda em frente ao Congresso Nacional fechado pela ditadura.

de uma nova era. E como toda grande arte, elas resistem ao tempo, permanecendo como testemunhas permanentes da resiliência e da capacidade de transformação do espírito humano.

As imagens de Orlando Brito capturam com intensidade simbólica o período da ditadura brasileira, uma época marcada por uma rígida censura e repressão. Na terceira fotografia, vemos botas militares imponentes contra o horizonte de Brasília, com os icônicos edifícios do Congresso Nacional ao fundo. Este enquadramento escolhido por Brito pode ser interpretado como uma representação da presença opressiva do regime militar na política e na sociedade brasileira. As botas, firmemente plantadas no solo, são uma metáfora visual do controle autoritário e da pisada pesada da ditadura sobre as liberdades civis.

A quarta imagem é ainda mais evocativa, com silhuetas sombrias de figuras militares diante do Congresso Nacional, cuja forma lembra um "prato" de uma nave espacial. A iluminação que destaca o edifício cria um contraste dramático com as figuras escuras, sugerindo a natureza clandestina e muitas vezes invisível da repressão e da vigilância durante esse período. A silhueta pode representar a perda de identidade e a supressão da individualidade sob o regime, enquanto o Congresso iluminado, um símbolo de democracia, parece distante e inacessível.

Ambas as imagens (a terceira e a quarta) usam a arquitetura de Brasília, projetada para simbolizar a transparência e a progressividade, como um contraponto irônico ao regime autoritário que usurpou esses ideais. Orlando Brito utiliza sua lente não apenas para documentar, mas para criticar e questionar a narrativa oficial da época, oferecendo um contraste visual que é ao mesmo tempo uma denúncia e um

Noite da votação do Diretas Já.

convite à reflexão sobre os excessos cometidos em nome da segurança e da ordem.

Através destas imagens poderosas, Brito contribui para o discurso sobre a memória e a identidade nacional,

abordando a complexidade e as contradições da ditadura. Seu trabalho fornece não apenas um registro histórico, mas também um comentário sobre o impacto duradouro do autoritarismo na paisagem física e psicológica do Brasil.

Considerações finais

Orlando Brito, com sua lente aguçada e sensibilidade artística, nos oferece um legado imensurável que transcende a mera documentação de um período sombrio na história brasileira. Suas fotografias, ricas em detalhes e emoções, capturam o espírito de uma era e a essência da resistência humana contra a opressão. Elas não apenas nos permitem vislumbrar o passado com uma clareza estonteante, mas também nos convidam a refletir sobre os princípios da liberdade e da democracia e a importância da arte como forma de protesto e memória. Ao imortalizar momentos de dor, esperança e luta, Brito nos ensina que, mesmo nas circunstâncias mais adversas, a arte pode ser uma ferramenta poderosa para desafiar injustiças e inspirar mudanças.

A relevância contemporânea das obras de Brito é inquestionável. Em uma época em que os desafios à liberdade de expressão e os direitos humanos persistem em diversas partes do mundo, suas imagens servem como um lembrete poderoso da necessidade de vigilância e ação contínuas. Elas nos incentivam a não esquecer as lições do passado e a permanecer firmes na defesa dos valores democráticos e na luta contra qualquer forma de autoritarismo. Através de seu trabalho, Orlando Brito não apenas nos deu uma janela para a história, mas também iluminou o caminho para a construção de um futuro mais justo e livre. Seu legado, portanto, não reside apenas no valor histórico de suas fotografias, mas também na inspiração que elas oferecem para gerações presentes e futuras na busca incessante pela justiça e pela liberdade.

Referências

BARROS, Luiza de. *Fotografia e antropologia:* olhares fora-dentro. São Paulo: Annablume, 1998.

BASUALDO, Carlos. *Tropicalismo*: Revolução na cultura brasileira. São Paulo: Cosac & Naify, 2005.

BENJAMIN, Walter. A obra de arte na era de sua reprodutibilidade técnica. In: LIMA, Luiz Costa (Org.). *Teoria da cultura de massa.* São Paulo: Paz e Terra, 1987.

BERGER, John; MOHR, Jean. *Uma outra maneira de contar.* São Paulo: Editora 34, 1982.

BITTENCOURT, Elizabeth. *Fotografia e antropologia*: visões do outro e de si mesmo. São Paulo: USP, 1994.

BRASIL. [Constituição (1988)]. *Constituição da República Federativa do Brasil.* Brasília, DF: Senado Federal, 2016. Disponível em: https://www2.senado.leg.br/bdsf/bitstream/handle/id/518231/CF88_Livro_EC91_2016.pdf. Acesso em: 12 de mar. de 2024.

BRASIL, R. F. do. Ato Institucional n. 5 (AI-5). Acervo, [*S. l.*], v. 27, n. 1, p. 394–402, 2014. Disponível em: https://revista.arquivonacional.gov.br/index.php/revistaacervo/article/view/484. Acesso em: 13 mar. 2024.

DEPARTAMENTO DE ESTADO DOS EUA. Documentos sobre o Brasil, 1964.

DOBAL, Suzana. *Encenação na fotografia*: entre a verdade e a mentira. Rio de Janeiro: Editora FGV, 2013.

FERNANDEZ, A. *Guerra Suja e Terror de Estado na Argentina.* Editora Liberdade, 2020.

FICO, Carlos. *Como eles agiam*: Os subterrâneos da Ditadura Militar, Rio de Janeiro: Record, 2001.

GARCIA, L. *Violência e repressão na América Latina*: Uma análise dos regimes militares. Editora Universidade Nacional, 2018.

GASPARI, Elio. *A ditadura envergonhada*. São Paulo: Companhia das Letras, 2002.

GURAN, Milton. *Fotografia e antropologia:* as primeiras décadas. Rio de Janeiro: Funarte, 2013.

KRAUSS, Rosalind. *A fotografia no século XX*. São Paulo: Cosac & Naify, 1986.

LIMA, Edmilson Rodrigues de; WARD, Rodolfo (Entrevistador). Ditadura e a Universidade: a importância do contexto histórico de luta da Universidade de Brasília. Entrevista realizada em 7 de fevereiro de 2024, na sede do Sintfub, Campus Darcy Ribeiro, UnB.

MARTINEZ, J. *Economia e sociedade sob as ditaduras latino-americanas*. Editora Progresso, 2019.

MAUAD, Ana Maria. *Fotografia e história*: interfaces. Rio de Janeiro: Tempo Brasileiro, 2008.

MONTEIRO, Charles. *Fotografia e sociedade na era da imagem*. Porto Alegre: Editora da UFRGS, 2012.

OLIVEIRA, F. *Modernização autoritária no Brasil*: Economia e repressão. Editora História Viva, 2018.

RACIONAIS MC's. *Sobrevivendo no inferno*. São Paulo: Cosa Nostra, 1997.(CD)

SCHNEIDER, Nina. Breaking the 'Silence' of the Military Regime: New Politics of Memory in Brazil. *Bulletin of Latin American Research*, vol. 30, n. 2, pp. 198–212, 2011. Disponível em: http://www.jstor.org/stable/41238190. Acesso em: 13 mar. 2024.

SKIDMORE, Thomas E. *Brasil: de Castello a Tancredo, 1964-1985*. São Paulo: Paz e Terra,1999.

SOTO, C. *O experimento neoliberal no Chile*. Editora Pinochet, 2019.

SOULAGES, François. *Estética da fotografia*: perda e permanência. São Paulo: Senac São Paulo, 2010.

SOULAGES, François. *A fotograficidade como reflexão sobre as imagens (de imagens)*. Tradução de Angela Grando e Darcilia Moysés. Revista Farol, Vitória, v. 2, n. 18, pp. 142-151, 2017. Disponível em: http://periodicos.ufes.br/farol/article/view/18677 Acesso em: 24 jan. 2021.

SPENCER, Herbert. Fotografia: função e estética no século XIX. In: BITTENCOURT, Elizabeth (Org.). *Fotografia e antropologia*: olhares fora-dentro. São Paulo: Annablume, 1994.

WARD, Rodolfo. Da fotografia documental à artística. *ARS* (São Paulo), [S. l.], v. 19, n. 41, p. 102-165, 2021. doi: 10.11606/issn.2178-0447.ars.2021.169675. Disponível em: https://www.revistas.usp.br/ars/article/view/169675. Acesso em: 28 maio 2021.

___________. Anais do 18º Encontro internacional de Arte, Ciência Tecnologia. Transmutações sociais: novas tecnologias, concepções de mundo, novos regimes de verdade e a necessidade de um reencontro com a Natureza. Faculdade de Belas Artes da Universidade de Lisboa de 17 a 19 de outubro. ISSN: 2238-0272. Lisboa-PT. 2019. p. 1262-1275.

___________. Estado moderno e contemporâneo: história, memória e identidade. *RELACult* – Revista Latino-Americana de Estudos em

Cultura e Sociedade Revista Latino americana de Estudios veja Cultura y Sociedad | Latin American Journal of Studies in Culture and Society v. 05, ed. Especial, abr., 2019, artigo n. 1402| claec.org/relacult | e-ISSN: 2525-7870.

___________. Antropoceno: a importância da implantação da cultura da inovação no contexto social contemporâneo. O espanto e a dor diante da covid-19. *Revista Humanidades.* n. 64. Editora da Universidade de Brasília-UnB, dez. 2020. ISSN 0102.9479.

___________. *Cadernos do Ceam 36.* Arte e inovação em tempos de pandemia 1 "Lives" [recurso eletrônico] / Rodolfo Ward (org.). Brasília: Universidade de Brasília, 2022. 4 v. ISBN 978-65-997169-3- 5 (v. 1).

___________. *Cadernos do Ceam 37.* Arte e inovação em tempos de pandemia 2 "Artes Visuais" [recurso eletrônico] / Rodolfo Ward (org.). Brasília: Universidade de Brasília, 2022. 4 v. ISBN 978-65-997169-1- 1 (v. 2).

___________. *Cadernos do Ceam 38.* Arte e inovação em tempos de pandemia 3 "Artigos" [recurso eletrônico] / Rodolfo Ward (org.) Brasília: Universidade de Brasília, 2022. 4 v. ISBN 978-65-997169-2- 8 (v. 3).

___________. *Cadernos do Ceam 39.* Arte e inovação em tempos de pandemia 4 "Poesia" [recurso eletrônico] / Rodolfo Ward (org). Brasília: Universidade de Brasília, 2022. 4 v. ISBN 978-65-997169-0- 4 (v. 4).

WARD, Rodolfo; ROCHA, Cleomar; VENTURELLI, Suzete. Cyberspace and Cyberculture: The New Social and Governance Field. In MOALLEM, Abbas (Ed.). *HCI for Cybersecurity, Privacy and Trust.* Lecture Notes in Computer Science. Nova York: Springer International Publishing, 2020, p. 547-557.

WARD, Rodolfo et al. Arte e Antropologia da Técnica e da Ciência. Anais do VII Simpósio Internacional de Inovação em Mídias

Interativas. HUB Eventos 2020. ROCHA, Cleomar et al. (orgs). São Paulo: Media Lab / BR, PUC-SP, 2020. ISSN 2358-0488.

WRIGHT, Terence. *Fotografia:* história visual da fotografia. São Paulo: Ática, 1992.

AI-5 decretado. No Salão Negro, o luto da bandeira do Brasil pelo fechamento do Congresso Nacional.

22
Tempos de Chumbo

Rodrigo Maia

Minha história de vida se entrelaça de forma incontornável com a história da Ditadura Civil-Militar.

Meu pai, Cesar Maia, foi líder estudantil no Brasil e sofreu perseguição política pelo regime da Ditadura, tendo que se exilar no Chile. O encontro com a minha mãe chilena, o meu nascimento e o da minha irmã, Daniela, ocorreram no meio dessa história de resistência contra o arbítrio e a violência política. Nossa história familiar, nesse cenário, constituiu a minha identidade política em sentido profundo.

Minha infância transcorreu nos anos 1970, no auge do "Milagre Econômico", sob o governo do presidente Emílio Garrastazu Médici. Decerto, o momento em que a ditadura foi mais forte. Minha relação de antagonismo com ela é existencial. Enquanto jovem estudante, a ditadura definhou e perdeu as condições políticas de liderar o país. Atingi a maioridade no ano da promulgação da Constituição de 1988, que selou o fim dos Anos de Chumbo, e o encerramento desse tempo de arbítrio e autoritarismo.

Fato marcante para mim foi a participação do meu pai como deputado constituinte, tendo contribuído com a escrita do documento mais importante para a nação, que nos legou uma democracia constitucional ainda jovem, mas sólida. Uma democracia capaz de resistir a desafios e intempéries complicadas. Ao menos, até agora. Cabe-nos mantê-la saudável e pujante. A Constituinte confrontou a ditadura de uma maneira exemplar, imprescindível. Os militares se empenharam, ao longo de seus governos, em implementar uma espécie de "engenharia constitucional", com o emprego de expedientes que buscavam assegurar que eles tivessem controle não apenas do texto da Constituição, mas também do seu processo de aplicação e interpretação legislativa.

Controlaram o texto constitucional por meio da edição de Atos Institucionais e, também, pela criação de um procedimento mais simples e com menor quórum para aprovar as mudanças constitucionais do governo Castello Branco. Isto é, se a Constituição de 1946, ainda vigente até o início de 1967, tivesse tido suas regras observadas, *sem a redução de quórum* criada unilateralmente pelo AI-1, nenhuma das medidas centrais que o governo aprovou no Congresso teria recebido apoio suficiente.

Além disso, a ditadura buscou controlar a forma como o Congresso interpretava a Constituição a partir de sua atividade legislativa. Durante todo o período militar, mais de 170 deputados foram cassados, como nos mostra o trabalho "Parlamento mutilado", dos consultores legislativos Débora Azevedo e Márcio Rabat. Parte das eleições para o

Senado foi indireta, com a criação da figura dos chamados "senadores biônicos". Estados foram divididos e fundidos buscando atender a interesses eleitorais do governo, dentre outras coisas. Um bipartidarismo artificial e desequilibrado foi imposto de forma unilateral.

Apoiadores da Arena em sustentação à política da ditadura militar.

Por fim, a ditadura procurou controlar os tribunais pela aplicação do direito. O episódio que melhor evidencia esse esforço foi a ampliação do número de ministros do Supremo Tribunal Federal de onze para dezesseis, por meio do Ato Institucional n. 2. As cinco novas vagas criadas foram ocupadas por juristas próximos à Arena; quatro organicamente ligados às forças políticas que apoiavam o governo militar.

É importante rememorar esses fatos, porque nem agora, nem no passado, os regimes políticos aceitaram de forma tranquila a pecha de "ditaduras" ou regimes "autoritários". Todo ditador busca se apresentar como democrata. Mas trabalha sempre com um mesmo plexo de medidas: controle dos espaços de representação proporcional, controle e manipulação das regras do jogo, ataque e desmoralização do poder Judiciário.

Retomando a relevância da Constituinte de 1987-8, ressalto que sua verdadeira diligência de anulação da política constitucional da época da ditadura residiu em: instituir um processo aberto à sociedade sem anteprojeto, sem uma maioria artificialmente construída para garantir os propósitos do governo, e comprometida com a afirmação dos direitos humanos.

Considero importante falar de memória, antes mesmo de chegar no fundamental legado de Orlando Brito. O fotojornalismo político desempenha um papel crucial na construção e preservação da memória coletiva de uma nação, atuando como uma ponte visual entre o passado e o presente. Por meio de imagens impactantes e expressivas, o fotojornalismo documenta momentos históricos, capturando não apenas eventos, mas também emoções e contextos sociais que palavras por si mesmas muitas vezes não conseguem transmitir. Essas fotografias se tornam ícones da história política, contribuindo significativamente para a compreensão pública de eventos passados e influenciando a percepção coletiva sobre esses momentos.

Cito o exemplo de fotografias da Ditadura Civil-Militar. Durante o referido regime, imagens de repressão e protestos se tornaram fundamentais para entender a gravidade e o impacto daquele momento para a sociedade brasileira. Essas imagens ajudam a ilustrar a realidade vivida e a narrativa política da época, servindo como evidência incontestável dos acontecimentos, e como uma ferramenta de educação e conscientização para gerações futuras. Algumas das mais icônicas foram produzidas pelas lentes sensíveis e experientes de Orlando Brito.

Quando iniciei na Câmara dos Deputados, em 1999, fui apresentado a figuras notáveis do jornalismo brasileiro, em destaque: Orlando Brito. Meu pai, reconhecendo a influência desses profissionais no processo legislativo e democrático, aconselhou-me a aprender com eles. Desenvolvi uma amizade profunda com Brito, apreciando sua habilidade em capturar notícias e emoções através das fotografias.

Com mais de meio século de serviços prestados ao fotojornalismo brasileiro, Brito foi quem melhor capturou a essência política da Ditadura Civil-Militar e do período de transição. Recordo-me, em particular, de duas fotografias, a que mostra as botas do soldado de guarda em frente ao Congresso Nacional, após a decretação do AI-5, em 1968, e a do Plenário vazio da Câmara dos Deputados, com o Congresso em recesso, durante o Pacote de Abril em 1977. Ambas revelam o poder de seus cliques.

Esses anos na Câmara dos Deputados, sob os governos dos presidentes Fernando Henrique Cardoso, Luiz Inácio Lula da Silva, Dilma Rousseff e Michel Temer, mostraram o papel vital da imprensa livre; algo que contrasta com as tentativas do governo Bolsonaro de limitar a mídia. De fato, a experiência de acompanhar o trabalho de Brito em Brasília foi enriquecedora; reforçou em mim, e creio que deve reforçar em todos nós, a importância da liberdade de imprensa, que sofreu ataques tão nefastos e duros em tempos recentes, mostrando-nos que a democracia e suas instituições carecem de cuidado diuturno para prosperar. Que assim seja!

Parlamentares deixam o Congresso após o anúncio do seu fechamento.

TADOS

Coleção MyNews Explica

MyNews Explica Evangélicos na Política Brasileira – Magali Cunha
MyNews Explica Eleições Brasileiras – Luis Felipe Salomão e Daniel Vianna Vargas
MyNews Explica Budismo – Heródoto Barbeiro
MyNews Explica Pesquisas Eleitorais – Denilde Holzhacker
MyNews Explica a Rússia Face ao Ocidente – Paulo Visentini
MyNews Explica Sistema Imunológico e Vacinas – Gustavo Cabral
MyNews Explica Como Morar Legalmente nos Estados Unidos – Rodrigo Lins
MyNews Explica o Diabo – Edin Sued Abumanssur
MyNews Explica Política nos EUA – Carlos Augusto Poggio
MyNews Explica *Fake News* na Política – Rodrigo Augusto Prando e Deysi Oliveira
MyNews Explica Exoplanetas – Salvador Nogueira
MyNews Explica Algoritmos – Nina da Hora
MyNews Explica Economia – Juliana Inhasz
MyNews Explica Buracos Negros – Thaisa Storchi Bergmann
MyNews Explica Como Ter Dinheiro Para a Vida Toda – Mara Luquet
MyNews Explica Astronomia – Cássio Barbosa
MyNews Explica Negacionismo Científico e suas Consequências – Estêvão Gamba e Sabine Righetti

Próximos lançamentos

MyNews Explica O Congresso Brasileiro – Beatriz Rey
MyNews Explica Sistemas de Governo – Denilde Holzhacker

MyNews Explica Interculturalidade – Welder Lancieri Marchini
MyNews Explica Integralismo – Leandro Gonçalves e Odilon Caldeira Neto
MyNews Explica Comunismo e Socialismo – Rodrigo Prando
MyNews Explica A Inflação – André Braz
MyNews Explica Relações Internacionais – Guilherme Casarões
MyNews Explica Nacionalismo x Globalização: a polarização do nosso tempo – Daniel Souza e Tanguy Baghadadi
MyNews Explica HIV ou a Cura da Aids – Roberto Diaz
MyNews Explica Comportamento e Saúde Financeira – Jairo Bouer
Mynews Explica Galáxias Distantes – Ricardo Ogando
Mynews Explica Democracia – Creomar Souza
MyNews Explica Trabalho e *Burnout* – Jairo Bouer